JAPONÊS
VOCABULÁRIO

PALAVRAS MAIS ÚTEIS

PORTUGUÊS
JAPONÊS

Para alargar o seu léxico e apurar
as suas competências linguísticas

5000 palavras

Vocabulário Português-Japonês - 5000 palavras
Por Andrey Taranov

Os vocabulários da T&P Books destinam-se a ajudar a aprender, a memorizar, e a rever palavras estrangeiras. O dicionário é dividido em temas, cobrindo todas as principais esferas de atividades quotidianas, negócios, ciência, cultura, etc.

O processo de aprendizagem, utilizando os dicionários baseados em temáticas da T&P Books dá-lhe as seguintes vantagens:

- Informação de origem corretamente agrupada predetermina o sucesso em fases subsequentes da memorização de palavras
- Disponibilização de palavras derivadas da mesma raiz, o que permite a memorização de unidades de texto (em vez de palavras separadas)
- Pequenas unidades de palavras facilitam o processo de estabelecimento de vínculos associativos necessários para a consolidação do vocabulário
- O nível de conhecimento da língua pode ser estimado pelo número de palavras aprendidas

Copyright © 2019 T&P Books Publishing

Todos os direitos reservados. Nenhuma parte desta publicação pode ser reproduzida, total ou parcialmente, por quaisquer métodos ou processos, sejam eles electrónicos, mecânicos, de fotocópia ou outros, sem a autorização escrita do editor. Esta publicação não pode ser divulgada, copiada ou distribuída em nenhum formato.

T&P Books Publishing
www.tpbooks.com

ISBN: 978-1-78400-941-0

Este livro também está disponível em formato E-book.
Por favor visite www.tpbooks.com ou as principais livrarias on-line.

VOCABULÁRIO JAPONÊS
palavras mais úteis

Os vocabulários da T&P Books destinam-se a ajudar a aprender, a memorizar, e a rever palavras estrangeiras. O vocabulário contém mais de 5000 palavras de uso comum organizadas tematicamente.

O vocabulário contém as palavras mais comummente usadas
Recomendado como adicional para qualquer curso de línguas
Satisfaz as necessidades dos iniciados e dos alunos avançados de línguas estrangeiras
Conveniente para o uso diário, sessões de revisão e atividades de auto-teste
Permite avaliar o seu vocabulário

Características especias do vocabulário

- As palavras estão organizadas de acordo com o seu significado, e não por ordem alfabética
- As palavras são apresentadas em três colunas para facilitar os processos de revisão e auto-teste
- As palavras compostas são divididas em pequenos blocos para facilitar o processo de aprendizagem
- O vocabulário oferece uma transcrição simples e adequada de cada palavra estrangeira

O vocabulário contém 155 tópicos incluindo:

Conceitos básicos, Números, Cores, Meses, Estações do ano, Unidades de medida, Roupas & Acessórios, Alimentos & Nutrição, Restaurante, Membros da Família, Parentes, Caráter, Sentimentos, Emoções, Doenças, Cidade, Passeios, Compras, Dinheiro, Casa, Lar, Escritório, Trabalho no Escritório, Importação & Exportação, Marketing, Pesquisa de Emprego, Desportos, Educação, Computador, Internet, Ferramentas, Natureza, Países, Nacionalidades e muito mais ...

TABELA DE CONTEÚDOS

Guia de pronunciação	9
Abreviaturas	10

CONCEITOS BÁSICOS 11
Conceitos básicos. Parte 1 11

1. Pronomes 11
2. Cumprimentos. Saudações. Despedidas 11
3. Como se dirigir a alguém 12
4. Números cardinais. Parte 1 12
5. Números cardinais. Parte 2 13
6. Números ordinais 14
7. Números. Frações 14
8. Números. Operações básicas 14
9. Números. Diversos 14
10. Os verbos mais importantes. Parte 1 15
11. Os verbos mais importantes. Parte 2 16
12. Os verbos mais importantes. Parte 3 17
13. Os verbos mais importantes. Parte 4 18
14. Cores 19
15. Questões 19
16. Preposições 20
17. Palavras funcionais. Advérbios. Parte 1 20
18. Palavras funcionais. Advérbios. Parte 2 22

Conceitos básicos. Parte 2 24

19. Dias da semana 24
20. Horas. Dia e noite 24
21. Meses. Estações 25
22. Unidades de medida 27
23. Recipientes 28

O SER HUMANO 29
O ser humano. O corpo 29

24. Cabeça 29
25. Corpo humano 30

Vestuário & Acessórios 31

26. Roupa exterior. Casacos 31
27. Vestuário de homem & mulher 31

28. Vestuário. Roupa interior	32
29. Adereços de cabeça	32
30. Calçado	32
31. Acessórios pessoais	33
32. Vestuário. Diversos	33
33. Cuidados pessoais. Cosméticos	34
34. Relógios de pulso. Relógios	35

Alimentação. Nutrição	**36**
35. Comida	36
36. Bebidas	37
37. Vegetais	38
38. Frutos. Nozes	39
39. Pão. Bolaria	40
40. Pratos cozinhados	40
41. Especiarias	41
42. Refeições	42
43. Por a mesa	43
44. Restaurante	43

Família, parentes e amigos	**44**
45. Informação pessoal. Formulários	44
46. Membros da família. Parentes	44

Medicina	**46**
47. Doenças	46
48. Sintomas. Tratamentos. Parte 1	47
49. Sintomas. Tratamentos. Parte 2	48
50. Sintomas. Tratamentos. Parte 3	49
51. Médicos	50
52. Medicina. Drogas. Acessórios	50

HABITAT HUMANO	**52**
Cidade	**52**
53. Cidade. Vida na cidade	52
54. Instituições urbanas	53
55. Sinais	54
56. Transportes urbanos	55
57. Turismo	56
58. Compras	57
59. Dinheiro	58
60. Correios. Serviço postal	59

Moradia. Casa. Lar	**60**
61. Casa. Eletricidade	60

62. Moradia. Mansão	60
63. Apartamento	60
64. Mobiliário. Interior	61
65. Quarto de dormir	62
66. Cozinha	62
67. Casa de banho	63
68. Eletrodomésticos	64

ATIVIDADES HUMANAS	**65**
Emprego. Negócios. Parte 1	**65**
69. Escritório. O trabalho no escritório	65
70. Processos negociais. Parte 1	66
71. Processos negociais. Parte 2	67
72. Produção. Trabalhos	68
73. Contrato. Acordo	69
74. Importação & Exportação	70
75. Finanças	70
76. Marketing	71
77. Publicidade	72
78. Banca	72
79. Telefone. Conversação telefónica	73
80. Telefone móvel	74
81. Estacionário	74
82. Tipos de negócios	75

Emprego. Negócios. Parte 2	**77**
83. Espetáculo. Feira	77
84. Ciência. Investigação. Cientistas	78

Profissões e ocupações	**80**
85. Procura de emprego. Demissão	80
86. Gente de negócios	80
87. Profissões de serviços	81
88. Profissões militares e postos	82
89. Oficiais. Padres	83
90. Profissões agrícolas	83
91. Profissões artísticas	84
92. Várias profissões	84
93. Ocupações. Estatuto social	86

Educação	**87**
94. Escola	87
95. Colégio. Universidade	88
96. Ciências. Disciplinas	89
97. Sistema de escrita. Ortografia	89
98. Línguas estrangeiras	90

Descanso. Entretenimento. Viagens	92
99. Viagens	92
100. Hotel	92

EQUIPAMENTO TÉCNICO. TRANSPORTES — 94
Equipamento técnico. Transportes — 94

101. Computador	94
102. Internet. E-mail	95
103. Eletricidade	96
104. Ferramentas	96

Transportes — 99

105. Avião	99
106. Comboio	100
107. Barco	101
108. Aeroporto	102

Eventos — 104

109. Férias. Evento	104
110. Funerais. Enterro	105
111. Guerra. Soldados	105
112. Guerra. Ações militares. Parte 1	106
113. Guerra. Ações militares. Parte 2	108
114. Armas	109
115. Povos da antiguidade	111
116. Idade média	111
117. Líder. Chefe. Autoridades	113
118. Viloação da lei. Criminosos. Parte 1	114
119. Viloação da lei. Criminosos. Parte 2	115
120. Polícia. Lei. Parte 1	116
121. Polícia. Lei. Parte 2	117

NATUREZA — 119
A Terra. Parte 1 — 119

122. Espaço sideral	119
123. A Terra	120
124. Pontos cardeais	121
125. Mar. Oceano	121
126. Nomes de Mares e Oceanos	122
127. Montanhas	123
128. Nomes de montanhas	124
129. Rios	124
130. Nomes de rios	125
131. Floresta	125
132. Recursos naturais	126

A Terra. Parte 2   128

133. Tempo   128
134. Tempo extremo. Catástrofes naturais   129

Fauna   130

135. Mamíferos. Predadores   130
136. Animais selvagens   130
137. Animais domésticos   131
138. Pássaros   132
139. Peixes. Animais marinhos   134
140. Amfíbios. Répteis   134
141. Insetos   135

Flora   136

142. Árvores   136
143. Arbustos   136
144. Frutos. Bagas   137
145. Flores. Plantas   138
146. Cereais, grãos   139

PAÍSES. NACIONALIDADES   140

147. Europa Ocidental   140
148. Europa Central e de Leste   140
149. Países da ex-URSS   141
150. Asia   141
151. América do Norte   142
152. América Central do Sul   142
153. Africa   142
154. Austrália. Oceania   143
155. Cidades   143

GUIA DE PRONUNCIAÇÃO

Alfabeto fonético T&P	Hiragana	Katakana	Romaji	Exemplo Japonês	Exemplo Português

Consoantes

[a]	あ	ア	a	あなた	chamar
[i], [i:]	い	イ	i	いす	sinónimo
[u], [u:]	う	ウ	u	うた	bonita
[e]	え	エ	e	いいえ	metal
[ɔ]	お	オ	o	しお	emboço
[jɑ]	や	ヤ	ya	やすみ	Himalaias
[ju]	ゆ	ユ	yu	ふゆ	nacional
[jɔ]	よ	ヨ	yo	ようす	ioga

Sílabas

[b]	ば	バ	b	ばん	barril
[tʃ]	ち	チ	ch	ちち	Tchim-tchim!
[d]	だ	ダ	d	からだ	dentista
[f]	ふ	フ	f	ひふ	safári
[g]	が	ガ	g	がっこう	gosto
[h]	は	ハ	h	はは	[h] aspirada
[dʒ]	じ	ジ	j	じしょ	adjetivo
[k]	か	カ	k	かぎ	kiwi
[m]	む	ム	m	さむらい	magnólia
[n]	に	ニ	n	にもつ	natureza
[p]	ぱ	パ	p	パン	presente
[r]	ら	ラ	r	いくら	riscar
[s]	さ	サ	s	あさ	sanita
[ɕ]	し	シ	sh	わたし	shiatsu
[t]	た	タ	t	ふた	tulipa
[ts]	つ	ツ	ts	いくつ	tsé-tsé
[w]	わ	ワ	w	わた	página web
[dz]	ざ	ザ	z	ざっし	pizza

ABREVIATURAS
usadas no vocabulário

Abreviaturas do Português

adj	-	adjetivo
adv	-	advérbio
anim.	-	animado
conj.	-	conjunção
desp.	-	desporto
etc.	-	etecetra
ex.	-	por exemplo
f	-	nome feminino
f pl	-	feminino plural
fem.	-	feminino
inanim.	-	inanimado
m	-	nome masculino
m pl	-	masculino plural
m, f	-	masculino, feminino
masc.	-	masculino
mat.	-	matemática
mil.	-	militar
pl	-	plural
prep.	-	preposição
pron.	-	pronome
sb.	-	sobre
sing.	-	singular
v aux	-	verbo auxiliar
vi	-	verbo intransitivo
vi, vt	-	verbo intransitivo, transitivo
vr	-	verbo reflexivo
vt	-	verbo transitivo

CONCEITOS BÁSICOS

Conceitos básicos. Parte 1

1. Pronomes

eu	私	watashi
tu	あなた	anata
ele	彼	kare
ela	彼女	kanojo
nós	私たち	watashi tachi
vocês	あなたがた	anata ga ta
eles, elas	彼らは	karera wa

2. Cumprimentos. Saudações. Despedidas

Olá!	やあ！	yā!
Bom dia! (formal)	こんにちは！	konnichiwa!
Bom dia! (de manhã)	おはよう！	ohayō!
Boa tarde!	こんにちは！	konnichiwa!
Boa noite!	こんばんは！	konbanwa!
cumprimentar (vt)	こんにちはと言う	konnichiwa to iu
Olá!	やあ！	yā!
saudação (f)	挨拶	aisatsu
saudar (vt)	挨拶する	aisatsu suru
Como vai?	お元気ですか？	wo genki desu ka?
Como vais?	元気？	genki ?
O que há de novo?	調子はどう？	chōshi ha dō ?
Até à vista!	さようなら！	sayōnara!
Adeus! (formal)	さようなら！	sayōnara!
Até à vista! (informal)	バイバイ！	baibai!
Até breve!	じゃあね！	jā ne!
Adeus!	さらば！	saraba !
despedir-se (vr)	別れを告げる	wakare wo tsugeru
Até logo!	またね！	mata ne!
Obrigado! -a!	ありがとう！	arigatō!
Muito obrigado! -a!	どうもありがとう！	dōmo arigatō!
De nada	どういたしまして	dōitashimashite
Não tem de quê	礼なんていいよ	rei nante ī yo
De nada	どういたしまして	dōitashimashite
Desculpa!	失礼！	shitsurei!
Desculpe!	失礼致します！	shitsurei itashi masu!

desculpar (vt)	許す	yurusu
desculpar-se (vr)	謝る	ayamaru
As minhas desculpas	おわび致します！	owabi itashi masu!
Desculpe!	ごめんなさい！	gomennasai!
perdoar (vt)	許す	yurusu
Não faz mal	大丈夫です！	daijōbu desu!
por favor	お願い	onegai
Não se esqueça!	忘れないで！	wasure nai de!
Certamente! Claro!	もちろん！	mochiron!
Claro que não!	そんなことないよ！	sonna koto nai yo!
Está bem! De acordo!	オーケー！	ōkē!
Basta!	もう十分だ！	mō jūbun da!

3. Como se dirigir a alguém

Desculpe (para chamar a atenção)	すみません、…	sumimasen , …
senhor	…さん	… san
senhora	…さん	… san
rapariga	…さん	… san
rapaz	…さん	… san
menino	…ちゃん	… chan
menina	…ちゃん	… chan

4. Números cardinais. Parte 1

zero	ゼロ	zero
um	一	ichi
dois	二	ni
três	三	san
quatro	四	yon
cinco	五	go
seis	六	roku
sete	七	nana
oito	八	hachi
nove	九	kyū
dez	十	jū
onze	十一	jū ichi
doze	十二	jū ni
treze	十三	jū san
catorze	十四	jū yon
quinze	十五	jū go
dezasseis	十六	jū roku
dezassete	十七	jū shichi
dezoito	十八	jū hachi
dezanove	十九	jū kyū
vinte	二十	ni jū
vinte e um	二十一	ni jū ichi

vinte e dois	二十二	ni jū ni
vinte e três	二十三	ni jū san
trinta	三十	san jū
trinta e um	三十一	san jū ichi
trinta e dois	三十二	san jū ni
trinta e três	三十三	san jū san
quarenta	四十	yon jū
quarenta e um	四十一	yon jū ichi
quarenta e dois	四十二	yon jū ni
quarenta e três	四十三	yon jū san
cinquenta	五十	go jū
cinquenta e um	五十一	go jū ichi
cinquenta e dois	五十二	go jū ni
cinquenta e três	五十三	go jū san
sessenta	六十	roku jū
sessenta e um	六十一	roku jū ichi
sessenta e dois	六十二	roku jū ni
sessenta e três	六十三	roku jū san
setenta	七十	nana jū
setenta e um	七十一	nana jū ichi
setenta e dois	七十二	nana jū ni
setenta e três	七十三	nana jū san
oitenta	八十	hachi jū
oitenta e um	八十一	hachi jū ichi
oitenta e dois	八十二	hachi jū ni
oitenta e três	八十三	hachi jū san
noventa	九十	kyū jū
noventa e um	九十一	kyū jū ichi
noventa e dois	九十二	kyū jū ni
noventa e três	九十三	kyū jū san

5. Números cardinais. Parte 2

cem	百	hyaku
duzentos	二百	ni hyaku
trezentos	三百	san byaku
quatrocentos	四百	yon hyaku
quinhentos	五百	go hyaku
seiscentos	六百	roppyaku
setecentos	七百	nana hyaku
oitocentos	八百	happyaku
novecentos	九百	kyū hyaku
mil	千	sen
dois mil	二千	nisen
De quem são ...?	三千	sanzen

dez mil	一万	ichiman
cem mil	10万	jyūman
um milhão	百万	hyakuman
mil milhões	十億	jūoku

6. Números ordinais

primeiro	第一の	dai ichi no
segundo	第二の	dai ni no
terceiro	第三の	dai san no
quarto	第四の	dai yon no
quinto	第五の	dai go no
sexto	第六の	dai roku no
sétimo	第七の	dai nana no
oitavo	第八の	dai hachi no
nono	第九の	dai kyū no
décimo	第十の	dai jū no

7. Números. Frações

fração (f)	分数	bunsū
um meio	2分の1	ni bunno ichi
um terço	3分の1	san bunno ichi
um quarto	4分の1	yon bunno ichi
um oitavo	8分の1	hachi bunno ichi
um décimo	10分の1	jyū bunno ichi
dois terços	3分の2	san bunno ni
três quartos	4分の3	yon bunno san

8. Números. Operações básicas

subtração (f)	引き算	hikizan
subtrair (vi, vt)	引き算する	hikizan suru
divisão (f)	割り算	warizan
dividir (vt)	割る	wareru
adição (f)	加算	kasan
somar (vt)	加算する	kasan suru
adicionar (vt)	足す	tasu
multiplicação (f)	掛け算	kakezan
multiplicar (vt)	掛ける	kakeru

9. Números. Diversos

algarismo, dígito (m)	桁数	keta sū
número (m)	数字	sūji

numeral (m)	数詞	sūshi
menos (m)	負号	fugō
mais (m)	正符号	sei fugō
fórmula (f)	公式	kōshiki
cálculo (m)	計算	keisan
contar (vt)	計算する	keisan suru
calcular (vt)	数える	kazoeru
comparar (vt)	比較する	hikaku suru
Quanto?	いくら？	ikura ?
Quanto, -os, -as?	いくら？	ikura ?
Quantos? -as?	いくつ？	ikutsu ?
soma (f)	合計	gōkei
resultado (m)	結果	kekka
resto (m)	剰余、余り	jōyo, amari
alguns, algumas …	少数の	shōsū no
um pouco de …	少し	sukoshi
resto (m)	残り	nokori
um e meio	1，5	ittengo
dúzia (f)	ダース	dāsu
ao meio	半分に	hanbun ni
em partes iguais	均等に	kintō ni
metade (f)	半分	hanbun
vez (f)	回	kai

10. Os verbos mais importantes. Parte 1

abrir (vt)	開ける	akeru
acabar, terminar (vt)	終える	oeru
aconselhar (vt)	助言する	jogen suru
adivinhar (vt)	言い当てる	īateru
advertir (vt)	警告する	keikoku suru
ajudar (vt)	手伝う	tetsudau
alugar (~ um apartamento)	借りる	kariru
amar (vt)	愛する	aisuru
ameaçar (vt)	脅す	odosu
anotar (escrever)	書き留める	kakitomeru
apanhar (vt)	捕らえる	toraeru
apressar-se (vr)	急ぐ	isogu
arrepender-se (vr)	後悔する	kōkai suru
assinar (vt)	署名する	shomei suru
atirar, disparar (vi)	撃つ	utsu
brincar (vi)	冗談を言う	jōdan wo iu
brincar, jogar (crianças)	遊ぶ	asobu
buscar (vt)	探す	sagasu
caçar (vi)	狩る	karu
cair (vi)	落ちる	ochiru
cavar (vt)	掘る	horu

cessar (vt)	止める	tomeru
chamar (~ por socorro)	求める	motomeru
chegar (vi)	到着する	tōchaku suru
chorar (vi)	泣く	naku
começar (vt)	始める	hajimeru
comparar (vt)	比較する	hikaku suru
compreender (vt)	理解する	rikai suru
concordar (vi)	同意する	dōi suru
confiar (vt)	信用する	shinyō suru
confundir (equivocar-se)	混同する	kondō suru
conhecer (vt)	知っている	shitte iru
contar (fazer contas)	計算する	keisan suru
contar com (esperar)	…を頼りにする	… wo tayori ni suru
continuar (vt)	続ける	tsuzukeru
controlar (vt)	管制する	kansei suru
convidar (vt)	招待する	shōtai suru
correr (vi)	走る	hashiru
criar (vt)	創造する	sōzō suru
custar (vt)	かかる	kakaru

11. Os verbos mais importantes. Parte 2

dar (vt)	手渡す	tewatasu
dar uma dica	暗示する	anji suru
decorar (enfeitar)	飾る	kazaru
defender (vt)	防衛する	bōei suru
deixar cair (vt)	落とす	otosu
descer (para baixo)	下りる	oriru
desculpar (vt)	許す	yurusu
desculpar-se (vr)	謝る	ayamaru
dirigir (~ uma empresa)	管理する	kanri suru
discutir (notícias, etc.)	討議する	tōgi suru
dizer (vt)	言う	iu
duvidar (vt)	疑う	utagau
encontrar (achar)	見つける	mitsukeru
enganar (vt)	だます	damasu
entrar (na sala, etc.)	入る	hairu
enviar (uma carta)	送る	okuru
errar (equivocar-se)	誤りをする	ayamari wo suru
escolher (vt)	選択する	sentaku suru
esconder (vt)	隠す	kakusu
escrever (vt)	書く	kaku
esperar (o autocarro, etc.)	待つ	matsu
esperar (ter esperança)	希望する	kibō suru
esquecer (vt)	忘れる	wasureru
estudar (vt)	勉強する	benkyō suru
exigir (vt)	要求する	yōkyū suru

existir (vi)	存在する	sonzai suru
explicar (vt)	説明する	setsumei suru
falar (vi)	話す	hanasu
faltar (clases, etc.)	欠席する	kesseki suru
fazer (vt)	する	suru
ficar em silêncio	沈黙を守る	chinmoku wo mamoru
gabar-se, jactar-se (vr)	自慢する	jiman suru
gritar (vi)	叫ぶ	sakebu
guardar (cartas, etc.)	保つ	tamotsu
informar (vt)	知らせる	shiraseru
insistir (vi)	主張する	shuchō suru
insultar (vt)	侮辱する	bujoku suru
interessar-se (vr)	…に興味がある	… ni kyōmi ga aru
ir (a pé)	行く	iku
ir nadar	海水浴をする	kaisuiyoku wo suru
jantar (vi)	夕食をとる	yūshoku wo toru

12. Os verbos mais importantes. Parte 3

ler (vt)	読む	yomu
libertar (cidade, etc.)	解放する	kaihō suru
matar (vt)	殺す	korosu
mencionar (vt)	言及する	genkyū suru
mostrar (vt)	見せる	miseru
mudar (modificar)	変える	kaeru
nadar (vi)	泳ぐ	oyogu
negar-se a …	拒絶する	kyozetsu suru
objetar (vt)	反対する	hantai suru
observar (vt)	監視する	kanshi suru
ordenar (mil.)	命令する	meirei suru
ouvir (vt)	聞く	kiku
pagar (vt)	払う	harau
parar (vi)	止まる	tomaru
participar (vi)	参加する	sanka suru
pedir (comida)	注文する	chūmon suru
pedir (um favor, etc.)	頼む	tanomu
pegar (tomar)	取る	toru
pensar (vt)	思う	omō
perceber (ver)	見掛ける	mikakeru
perdoar (vt)	許す	yurusu
perguntar (vt)	問う	tō
permitir (vt)	許可する	kyoka suru
pertencer a …	所有物である	shoyū butsu de aru
planear (vt)	計画する	keikaku suru
poder (vi)	できる	dekiru
possuir (vt)	所有する	shoyū suru
preferir (vt)	好む	konomu

preparar (vt)	料理をする	ryōri wo suru
prever (vt)	見越す	mikosu
prometer (vt)	約束する	yakusoku suru
pronunciar (vt)	発音する	hatsuon suru
propor (vt)	提案する	teian suru
punir (castigar)	罰する	bassuru

13. Os verbos mais importantes. Parte 4

quebrar (vt)	折る、壊す	oru, kowasu
queixar-se (vr)	不平を言う	fuhei wo iu
querer (desejar)	欲する	hossuru
recomendar (vt)	推薦する	suisen suru
repetir (dizer outra vez)	復唱する	fukushō suru
repreender (vt)	叱る ［しかる］	shikaru
reservar (~ um quarto)	予約する	yoyaku suru
responder (vt)	回答する	kaitō suru
rezar, orar (vi)	祈る	inoru
rir (vi)	笑う	warau
roubar (vt)	盗む	nusumu
saber (vt)	知る	shiru
sair (~ de casa)	出る	deru
salvar (vt)	救出する	kyūshutsu suru
seguir ...	…について行く	... ni tsuiteiku
sentar-se (vr)	座る	suwaru
ser necessário	必要である	hitsuyō de aru
ser, estar	ある	aru
significar (vt)	意味する	imi suru
sorrir (vi)	ほほえむ ［微笑む］	hohoemu
subestimar (vt)	甘く見る	amaku miru
surpreender-se (vr)	驚く	odoroku
tentar (vt)	試みる	kokoromiru
ter (vt)	持つ	motsu
ter fome	腹をすかす	hara wo sukasu
ter medo	怖がる	kowagaru
ter sede	喉が渇く	nodo ga kawaku
tocar (com as mãos)	触れる	fureru
tomar o pequeno-almoço	朝食をとる	chōshoku wo toru
trabalhar (vi)	働く	hataraku
traduzir (vt)	翻訳する	honyaku suru
unir (vt)	合体させる	gattai saseru
vender (vt)	売る	uru
ver (vt)	見る	miru
virar (ex. ~ à direita)	曲がる	magaru
voar (vi)	飛ぶ	tobu

14. Cores

cor (f)	色	iro
matiz (m)	色合い	iroai
tom (m)	色相	shikisō
arco-íris (m)	虹	niji
branco	白い	shiroi
preto	黒い	kuroi
cinzento	灰色の	haīro no
verde	緑の	midori no
amarelo	黄色い	kīroi
vermelho	赤い	akai
azul	青い	aoi
azul claro	水色の	mizu iro no
rosa	ピンクの	pinku no
laranja	オレンジの	orenji no
violeta	紫色の	murasaki iro no
castanho	茶色の	chairo no
dourado	金色の	kiniro no
prateado	銀色の	giniro no
bege	ベージュの	bēju no
creme	クリームの	kurīmu no
turquesa	ターコイズブルーの	tākoizuburū no
vermelho cereja	チェリーレッドの	cherī reddo no
lilás	ライラックの	rairakku no
carmesim	クリムゾンの	kurimuzon no
claro	薄い	usui
escuro	濃い	koi
vivo	鮮やかな	azayaka na
de cor	色の	iro no
a cores	カラー…	karā …
preto e branco	白黒の	shirokuro no
unicolor	単色の	tanshoku no
multicor	色とりどりの	irotoridori no

15. Questões

Quem?	誰？	dare ?
Que?	何？	nani ?
Onde?	どこに？	doko ni ?
Para onde?	どちらへ？	dochira he ?
De onde?	どこから？	doko kara ?
Quando?	いつ？	itsu ?
Para quê?	なんで？	nande ?
Porquê?	どうして？	dōshite ?
Para quê?	何のために？	nan no tame ni ?

Como?	どうやって？	dō yatte?
Qual?	どんな？	donna?
Qual? (entre dois ou mais)	どちらの…？	dochira no …?
A quem?	誰に？	dare ni ?
Sobre quem?	誰のこと？	dare no koto ?
Do quê?	何のこと？	nannokoto ?
Com quem?	誰と？	dare to ?
Quantos? -as?	いくつ？	ikutsu ?
Quanto?	いくら？	ikura ?
De quem? (masc.)	誰のもの？	Dare no mono ?

16. Preposições

com (prep.)	…と、…と共に	… to, totomoni
sem (prep.)	…なしで	… nashi de
a, para (exprime lugar)	…へ	… he
sobre (ex. falar ~)	…について	… ni tsuite
antes de …	…の前に	… no mae ni
diante de …	…の正面に	… no shōmen ni
sob (debaixo de)	下に	shita ni
sobre (em cima de)	上側に	uwagawa ni
sobre (~ a mesa)	上に	ue ni
de (vir ~ Lisboa)	…から	… kara
de (feito ~ pedra)	…製の	… sei no
dentro de (~ dez minutos)	…で	… de
por cima de …	…を越えて	… wo koe te

17. Palavras funcionais. Advérbios. Parte 1

Onde?	どこに？	doko ni ?
aqui	ここで	kokode
lá, ali	そこで	sokode
em algum lugar	どこかで	doko ka de
em lugar nenhum	どこにも	doko ni mo
ao pé de …	近くで	chikaku de
ao pé da janela	窓辺に	mado beni
Para onde?	どちらへ？	dochira he ?
para cá	こちらへ	kochira he
para lá	そこへ	soko he
daqui	ここから	koko kara
de lá, dali	そこから	soko kara
perto	そばに	soba ni
longe	遠くに	tōku ni
perto de …	近く	chikaku

ao lado de	近くに	chikaku ni
perto, não fica longe	遠くない	tōku nai
esquerdo	左の	hidari no
à esquerda	左に	hidari ni
para esquerda	左へ	hidari he
direito	右の	migi no
à direita	右に	migi ni
para direita	右へ	migi he
à frente	前に	mae ni
da frente	前の	mae no
em frente (para a frente)	前方へ	zenpō he
atrás de …	後ろに	ushiro ni
por detrás (vir ~)	後ろから	ushiro kara
para trás	後ろへ	ushiro he
meio (m), metade (f)	中央	chūō
no meio	中央に	chūō ni
de lado	側面から	sokumen kara
em todo lugar	どこでも	doko demo
ao redor (olhar ~)	…の周りを	… no mawari wo
de dentro	中から	naka kara
para algum lugar	どこかへ	dokoka he
diretamente	真っ直ぐに	massugu ni
de volta	戻って	modotte
de algum lugar	どこからでも	doko kara demo
de um lugar	どこからか	doko kara ka
em primeiro lugar	第一に	dai ichi ni
em segundo lugar	第二に	dai ni ni
em terceiro lugar	第三に	dai san ni
de repente	急に	kyū ni
no início	初めは	hajime wa
pela primeira vez	初めて	hajimete
muito antes de …	…かなり前に	… kanari mae ni
de novo, novamente	新たに	arata ni
para sempre	永遠に	eien ni
nunca	一度も	ichi do mo
de novo	再び	futatabi
agora	今	ima
frequentemente	よく	yoku
então	あのとき	ano toki
urgentemente	至急に	shikyū ni
usualmente	普通は	futsū wa
a propósito, …	ところで、…	tokorode, …
é possível	可能な	kanō na
provavelmente	恐らく［おそらく］	osoraku

talvez	ことによると	kotoni yoru to
além disso, ...	それに	soreni
por isso ...	従って	shitagatte
apesar de ...	…にもかかわらず	... ni mo kakawara zu
graças a ...	…のおかげで	... no okage de
que (pron.)	何	nani
que (conj.)	…ということ	... toyuu koto
algo	何か	nani ka
alguma coisa	何か	nani ka
nada	何もない	nani mo nai
quem	誰	dare
alguém (~ teve uma ideia ...)	ある人	aru hito
alguém	誰か	dare ka
ninguém	誰も…ない	dare mo ... nai
para lugar nenhum	どこへも	doko he mo
de ninguém	誰の…でもない	dare no ... de mo nai
de alguém	誰かの	dare ka no
tão	とても	totemo
também (gostaria ~ de ...)	また	mata
também (~ eu)	も	mo

18. Palavras funcionais. Advérbios. Parte 2

Porquê?	どうして？	dōshite ?
por alguma razão	なぜか [何故か]	naze ka
porque ...	なぜなら	nazenara
por qualquer razão	何らかの理由で	nanrakano riyū de
e (tu ~ eu)	と	to
ou (ser ~ não ser)	または	matawa
mas (porém)	でも	demo
para (~ a minha mãe)	…のために	... no tame ni
demasiado, muito	…すぎる	... sugiru
só, somente	もっぱら	moppara
exatamente	正確に	seikaku ni
cerca de (~ 10 kg)	約	yaku
aproximadamente	おおよそ	ōyoso
aproximado	おおよその	ōyosono
quase	ほとんど	hotondo
resto (m)	残り	nokori
o outro (segundo)	もう一方の	mōippōno
outro	他の	hokano
cada	各	kaku
qualquer	どれでも	dore demo
muitos, muitas	多くの	ōku no
muito	多量の	taryō no
muitas pessoas	多くの人々	ōku no hitobito

todos	あらゆる人	arayuru hito
em troca de …	…の返礼として	… no henrei toshite
em troca	引き換えに	hikikae ni
à mão	手で	te de
pouco provável	ほとんど…ない	hotondo … nai
provavelmente	恐らく［おそらく］	osoraku
de propósito	わざと	wazato
por acidente	偶然に	gūzen ni
muito	非常に	hijō ni
por exemplo	例えば	tatoeba
entre	間	kan
entre (no meio de)	…の間で	… no made
tanto	たくさん	takusan
especialmente	特に	tokuni

Conceitos básicos. Parte 2

19. Dias da semana

segunda-feira (f)	月曜日	getsuyōbi
terça-feira (f)	火曜日	kayōbi
quarta-feira (f)	水曜日	suiyōbi
quinta-feira (f)	木曜日	mokuyōbi
sexta-feira (f)	金曜日	kinyōbi
sábado (m)	土曜日	doyōbi
domingo (m)	日曜日	nichiyōbi
hoje	今日	kyō
amanhã	明日	ashita
depois de amanhã	明後日 [あさって]	asatte
ontem	昨日	kinō
anteontem	一昨日 [おととい]	ototoi
dia (m)	日	nichi
dia (m) de trabalho	営業日	eigyōbi
feriado (m)	公休	kōkyū
dia (m) de folga	休み	yasumi
fim (m) de semana	週末	shūmatsu
o dia todo	一日中	ichi nichi chū
no dia seguinte	翌日	yokujitsu
há dois dias	2日前に	futsu ka mae ni
na véspera	その前日に	sono zenjitsu ni
diário	毎日の	mainichi no
todos os dias	毎日	mainichi
semana (f)	週	shū
na semana passada	先週	senshū
na próxima semana	来週	raishū
semanal	毎週の	maishū no
cada semana	毎週	maishū
duas vezes por semana	週に2回	shūni nikai
cada terça-feira	毎週火曜日	maishū kayōbi

20. Horas. Dia e noite

manhã (f)	朝	asa
de manhã	朝に	asa ni
meio-dia (m)	正午	shōgo
à tarde	午後に	gogo ni
noite (f)	夕方	yūgata
à noite (noitinha)	夕方に	yūgata ni

noite (f)	夜	yoru
à noite	夜に	yoru ni
meia-noite (f)	真夜中	mayonaka
segundo (m)	秒	byō
minuto (m)	分	fun, pun
hora (f)	時間	jikan
meia hora (f)	30分	san jū fun
quarto (m) de hora	15分	jū go fun
quinze minutos	15分	jū go fun
vinte e quatro horas	一昼夜	icchūya
nascer (m) do sol	日の出	hinode
amanhecer (m)	夜明け	yoake
madrugada (f)	早朝	sōchō
pôr do sol (m)	夕日	yūhi
de madrugada	早朝に	sōchō ni
hoje de manhã	今朝	kesa
amanhã de manhã	明日の朝	ashita no asa
hoje à tarde	今日の午後	kyō no gogo
à tarde	午後	gogo
amanhã à tarde	明日の午後	ashita no gogo
hoje à noite	今夜	konya
amanhã à noite	明日の夜	ashita no yoru
às três horas em ponto	3時ちょうどに	sanji chōdo ni
por volta das quatro	4時頃	yoji goro
às doze	12時までに	jūniji made ni
dentro de vinte minutos	20分後	nijuppungo
dentro duma hora	一時間後	ichi jikan go
a tempo	予定通りに	yotei dōri ni
menos um quarto	…時15分	… ji jyūgo fun
durante uma hora	1時間で	ichi jikan de
a cada quinze minutos	15分ごとに	jyūgo fun goto ni
as vinte e quatro horas	昼も夜も	hiru mo yoru mo

21. Meses. Estações

janeiro (m)	一月	ichigatsu
fevereiro (m)	二月	nigatsu
março (m)	三月	sangatsu
abril (m)	四月	shigatsu
maio (m)	五月	gogatsu
junho (m)	六月	rokugatsu
julho (m)	七月	shichigatsu
agosto (m)	八月	hachigatsu
setembro (m)	九月	kugatsu
outubro (m)	十月	jūgatsu

novembro (m)	十一月	jūichigatsu
dezembro (m)	十二月	jūnigatsu
primavera (f)	春	haru
na primavera	春に	haru ni
primaveril	春の	haru no
verão (m)	夏	natsu
no verão	夏に	natsu ni
de verão	夏の	natsu no
outono (m)	秋	aki
no outono	秋に	aki ni
outonal	秋の	aki no
inverno (m)	冬	fuyu
no inverno	冬に	fuyu ni
de inverno	冬の	fuyu no
mês (m)	月	tsuki
este mês	今月	kongetsu
no próximo mês	来月	raigetsu
no mês passado	先月	sengetsu
há um mês	一ヶ月前	ichi kagetsu mae
dentro de um mês	一ヶ月後	ichi kagetsu go
dentro de dois meses	二ヶ月後	ni kagetsu go
todo o mês	丸一ヶ月	maru ichi kagetsu
um mês inteiro	一ヶ月間ずっと	ichi kagetsu kan zutto
mensal	月刊の	gekkan no
mensalmente	毎月	maitsuki
cada mês	月1回	tsuki ichi kai
duas vezes por mês	月に2回	tsuki ni ni kai
ano (m)	年	nen
este ano	今年	kotoshi
no próximo ano	来年	rainen
no ano passado	去年	kyonen
há um ano	一年前	ichi nen mae
dentro dum ano	一年後	ichi nen go
dentro de 2 anos	二年後	ni nen go
todo o ano	丸一年	maru ichi nen
um ano inteiro	通年	tsūnen
cada ano	毎年	maitoshi
anual	毎年の	maitoshi no
anualmente	年1回	toshi ichi kai
quatro vezes por ano	年に4回	toshi ni yon kai
data (~ de hoje)	日付	hizuke
data (ex. ~ de nascimento)	年月日	nengappi
calendário (m)	カレンダー	karendā
meio ano	半年	hantoshi
seis meses	6ヶ月	roku kagetsu

estação (f)	季節	kisetsu
século (m)	世紀	seiki

22. Unidades de medida

peso (m)	重さ	omo sa
comprimento (m)	長さ	naga sa
largura (f)	幅	haba
altura (f)	高さ	taka sa
profundidade (f)	深さ	fuka sa
volume (m)	体積	taiseki
área (f)	面積	menseki
grama (m)	グラム	guramu
miligrama (m)	ミリグラム	miriguramu
quilograma (m)	キログラム	kiroguramu
tonelada (f)	トン	ton
libra (453,6 gramas)	ポンド	pondo
onça (f)	オンス	onsu
metro (m)	メートル	mētoru
milímetro (m)	ミリメートル	mirimētoru
centímetro (m)	センチメートル	senchimētoru
quilómetro (m)	キロメートル	kiromētoru
milha (f)	マイル	mairu
polegada (f)	インチ	inchi
pé (304,74 mm)	フィート	fīto
jarda (914,383 mm)	ヤード	yādo
metro (m) quadrado	平方メートル	heihō mētoru
hectare (m)	ヘクタール	hekutāru
litro (m)	リットル	rittoru
grau (m)	度	do
volt (m)	ボルト	boruto
ampere (m)	アンペア	anpea
cavalo-vapor (m)	馬力	bariki
quantidade (f)	数量	sūryō
um pouco de ...	少し	sukoshi
metade (f)	半分	hanbun
dúzia (f)	ダース	dāsu
peça (f)	一個	ikko
dimensão (f)	大きさ	ōki sa
escala (f)	縮尺	shukushaku
mínimo	極小の	kyokushō no
menor, mais pequeno	最小の	saishō no
médio	中位の	chūi no
máximo	極大の	kyokudai no
maior, mais grande	最大の	saidai no

23. Recipientes

boião (m) de vidro	ジャー、瓶	jā, bin
lata (~ de cerveja)	缶	kan
balde (m)	バケツ	baketsu
barril (m)	樽	taru
bacia (~ de plástico)	たらい [盥]	tarai
tanque (m)	タンク	tanku
cantil (m) de bolso	スキットル	sukittoru
bidão (m) de gasolina	ジェリカン	jerikan
cisterna (f)	積荷タンク	tsumini tanku
caneca (f)	マグカップ	magukappu
chávena (f)	カップ	kappu
pires (m)	ソーサー	sōsā
copo (m)	ガラスのコップ	garasu no koppu
taça (f) de vinho	ワイングラス	wain gurasu
panela, caçarola (f)	両手鍋	ryō tenabe
garrafa (f)	ボトル	botoru
gargalo (m)	ネック	nekku
jarro, garrafa (f)	デキャンター	dekyanta
jarro (m) de barro	水差し	mizusashi
recipiente (m)	器	utsuwa
pote (m)	鉢	hachi
vaso (m)	花瓶	kabin
frasco (~ de perfume)	瓶	bin
frasquinho (ex. ~ de iodo)	バイアル	bai aru
tubo (~ de pasta dentífrica)	チューブ	chūbu
saca (ex. ~ de açúcar)	南京袋	nankinbukuro
saco (~ de plástico)	袋	fukuro
maço (m)	箱	hako
caixa (~ de sapatos, etc.)	箱	hako
caixa (~ de madeira)	木箱	ki bako
cesta (f)	かご [籠]	kago

O SER HUMANO

O ser humano. O corpo

24. Cabeça

cabeça (f)	頭	atama
cara (f)	顔	kao
nariz (m)	鼻	hana
boca (f)	口	kuchi
olho (m)	眼	me
olhos (m pl)	両眼	ryōgan
pupila (f)	瞳	hitomi
sobrancelha (f)	眉	mayu
pestana (f)	まつげ	matsuge
pálpebra (f)	まぶた	mabuta
língua (f)	舌	shita
dente (m)	歯	ha
lábios (m pl)	唇	kuchibiru
maçãs (f pl) do rosto	頬骨	hōbone
gengiva (f)	歯茎	haguki
palato (m)	口蓋	kōgai
narinas (f pl)	鼻孔	bikō
queixo (m)	あご (頤)	ago
mandíbula (f)	顎	ago
bochecha (f)	頬	hō
testa (f)	額	hitai
têmpora (f)	こめかみ	komekami
orelha (f)	耳	mimi
nuca (f)	後頭部	kōtōbu
pescoço (m)	首	kubi
garganta (f)	喉	nodo
cabelos (m pl)	髪の毛	kaminoke
penteado (m)	髪形	kamigata
corte (m) de cabelo	髪型	kamigata
peruca (f)	かつら	katsura
bigode (m)	口ひげ	kuchihige
barba (f)	あごひげ	agohige
usar, ter (~ barba, etc.)	生やしている	hayashi te iru
trança (f)	三つ編み	mitsu ami
suíças (f pl)	もみあげ	momiage
ruivo	赤毛の	akage no
grisalho	白髪の	hakuhatsu no

calvo	はげ頭の	hageatama no
calva (f)	はげた部分	hage ta bubun
rabo-de-cavalo (m)	ポニーテール	ponītēru
franja (f)	前髪	maegami

25. Corpo humano

mão (f)	手	te
braço (m)	腕	ude
dedo (m)	指	yubi
dedo (m) do pé	つま先	tsumasaki
polegar (m)	親指	oyayubi
dedo (m) mindinho	小指	koyubi
unha (f)	爪	tsume
punho (m)	拳	kobushi
palma (f) da mão	手のひら	tenohira
pulso (m)	手首	tekubi
antebraço (m)	前腕	zen wan
cotovelo (m)	肘	hiji
ombro (m)	肩	kata
perna (f)	足 [脚]	ashi
pé (m)	足	ashi
joelho (m)	膝	hiza
barriga (f) da perna	ふくらはぎ	fuku ra hagi
anca (f)	腰	koshi
calcanhar (m)	かかと [踵]	kakato
corpo (m)	身体	shintai
barriga (f)	腹	hara
peito (m)	胸	mune
seio (m)	乳房	chibusa
lado (m)	脇腹	wakibara
costas (f pl)	背中	senaka
região (f) lombar	腰背部	yōwa ibu
cintura (f)	腰	koshi
umbigo (m)	へそ [臍]	heso
nádegas (f pl)	臀部	denbu
traseiro (m)	尻	shiri
sinal (m)	美人ぼくろ	bijinbokuro
sinal (m) de nascença	母斑	bohan
tatuagem (f)	タトゥー	tatū
cicatriz (f)	傷跡	kizuato

Vestuário & Acessórios

26. Roupa exterior. Casacos

roupa (f)	洋服	yōfuku
roupa (f) exterior	上着	uwagi
roupa (f) de inverno	冬服	fuyu fuku
sobretudo (m)	オーバーコート	ōbā kōto
casaco (m) de peles	毛皮のコート	kegawa no kōto
casaco curto (m) de peles	毛皮のジャケット	kegawa no jaketto
casaco (m) acolchoado	ダウンコート	daun kōto
casaco, blusão (m)	ジャケット	jaketto
impermeável (m)	レインコート	reinkōto
impermeável	防水の	bōsui no

27. Vestuário de homem & mulher

camisa (f)	ワイシャツ	waishatsu
calças (f pl)	ズボン	zubon
calças (f pl) de ganga	ジーンズ	jīnzu
casaco (m) de fato	ジャケット	jaketto
fato (m)	背広	sebiro
vestido (ex. ~ vermelho)	ドレス	doresu
saia (f)	スカート	sukāto
blusa (f)	ブラウス	burausu
casaco (m) de malha	ニットジャケット	nitto jaketto
casaco, blazer (m)	ジャケット	jaketto
T-shirt, camiseta (f)	Tシャツ	tīshatsu
calções (Bermudas, etc.)	半ズボン	han zubon
fato (m) de treino	トラックスーツ	torakku sūtsu
roupão (m) de banho	バスローブ	basurōbu
pijama (m)	パジャマ	pajama
suéter (m)	セーター	sētā
pulôver (m)	プルオーバー	puruōbā
colete (m)	ベスト	besuto
fraque (m)	燕尾服	enbifuku
smoking (m)	タキシード	takishīdo
uniforme (m)	制服	seifuku
roupa (f) de trabalho	作業服	sagyō fuku
fato-macaco (m)	オーバーオール	ōbā ōru
bata (~ branca, etc.)	コート	kōto

28. Vestuário. Roupa interior

roupa (f) interior	下着	shitagi
cuecas boxer (f pl)	ボクサーパンツ	bokusā pantsu
cuecas (f pl)	パンティー	pantī
camisola (f) interior	タンクトップ	tanku toppu
peúgas (f pl)	靴下	kutsushita
camisa (f) de noite	ネグリジェ	negurije
sutiã (m)	ブラジャー	burajā
meias longas (f pl)	ニーソックス	nīsokkusu
meia-calça (f)	パンティストッキング	pantī sutokkingu
meias (f pl)	ストッキング	sutokkingu
fato (m) de banho	水着	mizugi

29. Adereços de cabeça

chapéu (m)	帽子	bōshi
chapéu (m) de feltro	フェドーラ帽	fedōra bō
boné (m) de beisebol	野球帽	yakyū bō
boné (m)	ハンチング帽	hanchingu bō
boina (f)	ベレー帽	berē bō
capuz (m)	フード	fūdo
panamá (m)	パナマ帽	panama bō
gorro (m) de malha	ニット帽	nitto bō
lenço (m)	ヘッドスカーフ	heddo sukāfu
chapéu (m) de mulher	婦人帽子	fujin bōshi
capacete (m) de proteção	安全ヘルメット	anzen herumetto
bibico (m)	略帽	rya ku bō
capacete (m)	ヘルメット	herumetto
chapéu-coco (m)	山高帽	yamataka bō
chapéu (m) alto	シルクハット	shiruku hatto

30. Calçado

calçado (m)	靴	kutsu
botinas (f pl)	アンクルブーツ	ankuru būtsu
sapatos (de salto alto, etc.)	パンプス	panpusu
botas (f pl)	ブーツ	būtsu
pantufas (f pl)	スリッパ	surippa
ténis (m pl)	テニスシューズ	tenisu shūzu
sapatilhas (f pl)	スニーカー	sunīkā
sandálias (f pl)	サンダル	sandaru
sapateiro (m)	靴修理屋	kutsu shūri ya
salto (m)	かかと [踵]	kakato

par (m)	靴一足	kutsu issoku
atacador (m)	靴ひも	kutsu himo
apertar os atacadores	靴ひもを結ぶ	kutsu himo wo musubu
calçadeira (f)	靴べら	kutsubera
graxa (f) para calçado	靴クリーム	kutsu kurīmu

31. Acessórios pessoais

luvas (f pl)	手袋	tebukuro
mitenes (f pl)	ミトン	miton
cachecol (m)	マフラー	mafurā
óculos (m pl)	めがね [眼鏡]	megane
armação (f) de óculos	めがねのふち	megane no fuchi
guarda-chuva (m)	傘	kasa
bengala (f)	杖	tsue
escova (f) para o cabelo	ヘアブラシ	hea burashi
leque (m)	扇子	sensu
gravata (f)	ネクタイ	nekutai
gravata-borboleta (f)	蝶ネクタイ	chō nekutai
suspensórios (m pl)	サスペンダー	sasupendā
lenço (m)	ハンカチ	hankachi
pente (m)	くし [櫛]	kushi
travessão (m)	髪留め	kami tome
gancho (m) de cabelo	ヘアピン	hea pin
fivela (f)	バックル	bakkuru
cinto (m)	ベルト	beruto
correia (f)	ショルダーベルト	shorudā beruto
mala (f)	バッグ	baggu
mala (f) de senhora	ハンドバッグ	hando baggu
mochila (f)	バックパック	bakku pakku

32. Vestuário. Diversos

moda (f)	ファッション	fasshon
na moda	流行の	ryūkō no
estilista (m)	ファッションデザイナー	fasshon dezainā
colarinho (m), gola (f)	襟	eri
bolso (m)	ポケット	poketto
de bolso	ポケットの	poketto no
manga (f)	袖	sode
alcinha (f)	ハンガーループ	hangā rūpu
braguilha (f)	ズボンのファスナー	zubon no fasunā
fecho (m) de correr	チャック	chakku
fecho (m), colchete (m)	ファスナー	fasunā
botão (m)	ボタン	botan

casa (f) de botão	ボタンの穴	botan no ana
soltar-se (vr)	取れる	toreru
coser, costurar (vi)	縫う	nū
bordar (vt)	刺繍する	shishū suru
bordado (m)	刺繍	shishū
agulha (f)	縫い針	nui bari
fio (m)	糸	ito
costura (f)	縫い目	nuime
sujar-se (vr)	汚れる	yogoreru
mancha (f)	染み	shimi
engelhar-se (vr)	しわになる	shiwa ni naru
rasgar (vt)	引き裂く	hikisaku
traça (f)	コイガ	koi ga

33. Cuidados pessoais. Cosméticos

pasta (f) de dentes	歯磨き粉	hamigakiko
escova (f) de dentes	歯ブラシ	haburashi
escovar os dentes	歯を磨く	ha wo migaku
máquina (f) de barbear	カミソリ [剃刀]	kamisori
creme (m) de barbear	シェービングクリーム	shēbingu kurīmu
barbear-se (vr)	ひげを剃る	hige wo soru
sabonete (m)	せっけん [石鹸]	sekken
champô (m)	シャンプー	shanpū
tesoura (f)	はさみ	hasami
lima (f) de unhas	爪やすり	tsume yasuri
corta-unhas (m)	爪切り	tsume giri
pinça (f)	ピンセット	pinsetto
cosméticos (m pl)	化粧品	keshō hin
máscara (f) facial	フェイスパック	feisu pakku
manicura (f)	マニキュア	manikyua
fazer a manicura	マニキュアをしてもらう	manikyua wo shi te morau
pedicure (f)	ペディキュア	pedikyua
mala (f) de maquilhagem	化粧ポーチ	keshō pōchi
pó (m)	フェイスパウダー	feisu pauda
caixa (f) de pó	ファンデーション	fandēshon
blush (m)	チーク	chīku
perfume (m)	香水	kōsui
água (f) de toilette	オードトワレ	ōdotoware
loção (f)	ローション	rō shon
água-de-colónia (f)	オーデコロン	ōdekoron
sombra (f) de olhos	アイシャドウ	aishadō
lápis (m) delineador	アイライナー	airainā
máscara (f), rímel (m)	マスカラ	masukara
batom (m)	口紅	kuchibeni

verniz (m) de unhas	ネイルポリッシュ	neiru porisshu
laca (f) para cabelos	ヘアスプレー	hea supurē
desodorizante (m)	デオドラント	deodoranto
creme (m)	クリーム	kurīmu
creme (m) de rosto	フェイスクリーム	feisu kurīmu
creme (m) de mãos	ハンドクリーム	hando kurīmu
creme (m) antirrugas	しわ取りクリーム	shiwa tori kurīmu
creme (m) de dia	昼用クリーム	hiruyō kurīmu
creme (m) de noite	夜用クリーム	yoruyō kurīmu
de dia	昼用…	hiruyō …
da noite	夜用…	yoruyō …
tampão (m)	タンポン	tanpon
papel (m) higiénico	トイレットペーパー	toiretto pēpā
secador (m) elétrico	ヘアドライヤー	hea doraiyā

34. Relógios de pulso. Relógios

relógio (m) de pulso	時計	tokei
mostrador (m)	ダイヤル	daiyaru
ponteiro (m)	針	hari
bracelete (f) em aço	金属ベルト	kinzoku beruto
bracelete (f) em couro	腕時計バンド	udedokei bando
pilha (f)	電池	denchi
descarregar-se	切れる	kireru
trocar a pilha	電池を交換する	denchi wo kōkan suru
estar adiantado	進んでいる	susundeiru
estar atrasado	遅れている	okureteiru
relógio (m) de parede	掛け時計	kakedokei
ampulheta (f)	砂時計	sunadokei
relógio (m) de sol	日時計	hidokei
despertador (m)	目覚まし時計	mezamashi dokei
relojoeiro (m)	時計職人	tokei shokunin
reparar (vt)	修理する	shūri suru

Alimentação. Nutrição

35. Comida

carne (f)	肉	niku
galinha (f)	鶏	niwatori
frango (m)	若鶏	wakadori
pato (m)	ダック	dakku
ganso (m)	ガチョウ	gachō
caça (f)	獲物	emono
peru (m)	七面鳥	shichimenchuō
carne (f) de porco	豚肉	buta niku
carne (f) de vitela	子牛肉	kōshi niku
carne (f) de carneiro	子羊肉	kohitsuji niku
carne (f) de vaca	牛肉	gyū niku
carne (f) de coelho	兎肉	usagi niku
chouriço, salsichão (m)	ソーセージ	sōsēji
salsicha (f)	ソーセージ	sōsēji
bacon (m)	ベーコン	bēkon
fiambre (f)	ハム	hamu
presunto (m)	ガモン	gamon
patê (m)	パテ	pate
fígado (m)	レバー	rebā
carne (f) moída	挽肉	hikiniku
língua (f)	タン	tan
ovo (m)	卵	tamago
ovos (m pl)	卵	tamago
clara (f) do ovo	卵の白身	tamago no shiromi
gema (f) do ovo	卵の黄身	tamago no kimi
peixe (m)	魚	sakana
mariscos (m pl)	魚介	gyokai
caviar (m)	キャビア	kyabia
caranguejo (m)	カニ [蟹]	kani
camarão (m)	エビ	ebi
ostra (f)	カキ [牡蠣]	kaki
lagosta (f)	伊勢エビ	ise ebi
polvo (m)	タコ	tako
lula (f)	イカ	ika
esturjão (m)	チョウザメ	chōzame
salmão (m)	サケ [鮭]	sake
halibute (m)	ハリバット	haribatto
bacalhau (m)	タラ [鱈]	tara
cavala, sarda (f)	サバ [鯖]	saba

atum (m)	マグロ [鮪]	maguro
enguia (f)	ウナギ [鰻]	unagi
truta (f)	マス [鱒]	masu
sardinha (f)	イワシ	iwashi
lúcio (m)	カワカマス	kawakamasu
arenque (m)	ニシン	nishin
pão (m)	パン	pan
queijo (m)	チーズ	chīzu
açúcar (m)	砂糖	satō
sal (m)	塩	shio
arroz (m)	米	kome
massas (f pl)	パスタ	pasuta
talharim (m)	麺	men
manteiga (f)	バター	batā
óleo (m) vegetal	植物油	shokubutsu yu
óleo (m) de girassol	ひまわり油	himawari yu
margarina (f)	マーガリン	māgarin
azeitonas (f pl)	オリーブ	orību
azeite (m)	オリーブ油	orību yu
leite (m)	乳、ミルク	nyū, miruku
leite (m) condensado	練乳	rennyū
iogurte (m)	ヨーグルト	yōguruto
nata (f) azeda	サワークリーム	sawā kurīmu
nata (f) do leite	クリーム	kurīmu
maionese (f)	マヨネーズ	mayonēzu
creme (m)	バタークリーム	batā kurīmu
grãos (m pl) de cereais	穀物	kokumotsu
farinha (f)	小麦粉	komugiko
enlatados (m pl)	缶詰	kanzume
flocos (m pl) de milho	コーンフレーク	kōn furēku
mel (m)	蜂蜜	hachimitsu
doce (m)	ジャム	jamu
pastilha (f) elástica	チューインガム	chūin gamu

36. Bebidas

água (f)	水	mizu
água (f) potável	飲用水	inyō sui
água (f) mineral	ミネラルウォーター	mineraru wōtā
sem gás	無炭酸の	mu tansan no
gaseificada	炭酸の	tansan no
com gás	発泡性の	happō sei no
gelo (m)	氷	kōri
com gelo	氷入りの	kōri iri no

sem álcool	ノンアルコールの	non arukŌru no
bebida (f) sem álcool	炭酸飲料	tansan inryō
refresco (m)	清涼飲料水	seiryōinryōsui
limonada (f)	レモネード	remonēdo

bebidas (f pl) alcoólicas	アルコール	arukōru
vinho (m)	ワイン	wain
vinho (m) branco	白ワイン	shiro wain
vinho (m) tinto	赤ワイン	aka wain

licor (m)	リキュール	rikyūru
champanhe (m)	シャンパン	shanpan
vermute (m)	ベルモット	berumotto

uísque (m)	ウイスキー	uisukī
vodka (f)	ウォッカ	wokka
gim (m)	ジン	jin
conhaque (m)	コニャック	konyakku
rum (m)	ラム酒	ramu shu

café (m)	コーヒー	kōhī
café (m) puro	ブラックコーヒー	burakku kōhī
café (m) com leite	ミルク入りコーヒー	miruku iri kōhī
cappuccino (m)	カプチーノ	kapuchīno
café (m) solúvel	インスタントコーヒー	insutanto kōhī

leite (m)	乳、ミルク	nyū, miruku
coquetel (m)	カクテル	kakuteru
batido (m) de leite	ミルクセーキ	miruku sēki

sumo (m)	ジュース	jūsu
sumo (m) de tomate	トマトジュース	tomato jūsu
sumo (m) de laranja	オレンジジュース	orenji jūsu
sumo (m) fresco	搾りたてのジュース	shibori tate no jūsu

cerveja (f)	ビール	bīru
cerveja (f) clara	ライトビール	raito bīru
cerveja (f) preta	黒ビール	kuro bīru

chá (m)	茶	cha
chá (m) preto	紅茶	kō cha
chá (m) verde	緑茶	ryoku cha

37. Vegetais

| legumes (m pl) | 野菜 | yasai |
| verduras (f pl) | 青物 | aomono |

tomate (m)	トマト	tomato
pepino (m)	きゅうり [胡瓜]	kyūri
cenoura (f)	ニンジン [人参]	ninjin
batata (f)	ジャガイモ	jagaimo
cebola (f)	たまねぎ [玉葱]	tamanegi
alho (m)	ニンニク	ninniku

couve (f)	キャベツ	kyabetsu
couve-flor (f)	カリフラワー	karifurawā
couve-de-bruxelas (f)	メキャベツ	mekyabetsu
brócolos (m pl)	ブロッコリー	burokkorī
beterraba (f)	テーブルビート	tēburu bīto
beringela (f)	ナス	nasu
curgete (f)	ズッキーニ	zukkīni
abóbora (f)	カボチャ	kabocha
nabo (m)	カブ	kabu
salsa (f)	パセリ	paseri
funcho, endro (m)	ディル	diru
alface (f)	レタス	retasu
aipo (m)	セロリ	serori
espargo (m)	アスパラガス	asuparagasu
espinafre (f)	ホウレンソウ	hōrensō
ervilha (f)	エンドウ	endō
fava (f)	豆類	mamerui
milho (m)	トウモロコシ	tōmorokoshi
feijão (m)	金時豆	kintoki mame
pimentão (m)	コショウ	koshō
rabanete (m)	ハツカダイコン	hatsukadaikon
alcachofra (f)	アーティチョーク	ātichōku

38. Frutos. Nozes

fruta (f)	果物	kudamono
maçã (f)	リンゴ	ringo
pera (f)	洋梨	yōnashi
limão (m)	レモン	remon
laranja (f)	オレンジ	orenji
morango (m)	イチゴ（苺）	ichigo
tangerina (f)	マンダリン	mandarin
ameixa (f)	プラム	puramu
pêssego (m)	モモ［桃］	momo
damasco (m)	アンズ［杏子］	anzu
framboesa (f)	ラズベリー（木苺）	razuberī
ananás (m)	パイナップル	painappuru
banana (f)	バナナ	banana
melancia (f)	スイカ	suika
uva (f)	ブドウ［葡萄］	budō
ginja, cereja (f)	チェリー	cherī
ginja (f)	サワー チェリー	sawā cherī
cereja (f)	スイート チェリー	suīto cherī
meloa (f)	メロン	meron
toranja (f)	グレープフルーツ	gurēbu furūtsu
abacate (m)	アボカド	abokado
papaia (f)	パパイヤ	papaiya

manga (f)	マンゴー	mangō
romã (f)	ザクロ	zakuro
groselha (f) vermelha	フサスグリ	fusa suguri
groselha (f) preta	クロスグリ	kuro suguri
groselha (f) espinhosa	セイヨウスグリ	seiyō suguri
mirtilo (m)	ビルベリー	biruberī
amora silvestre (f)	ブラックベリー	burakku berī
uvas (f pl) passas	レーズン	rēzun
figo (m)	イチジク	ichijiku
tâmara (f)	デーツ	dētsu
amendoim (m)	ピーナッツ	pīnattsu
amêndoa (f)	アーモンド	āmondo
noz (f)	クルミ（胡桃）	kurumi
avelã (f)	ヘーゼルナッツ	hēzeru nattsu
coco (m)	ココナッツ	koko nattsu
pistáchios (m pl)	ピスタチオ	pisutachio

39. Pão. Bolaria

pastelaria (f)	菓子類	kashi rui
pão (m)	パン	pan
bolacha (f)	クッキー	kukkī
chocolate (m)	チョコレート	chokorēto
de chocolate	チョコレートの	chokorēto no
rebuçado (m)	キャンディー	kyandī
bolo (cupcake, etc.)	ケーキ	kēki
bolo (m) de aniversário	ケーキ	kēki
tarte (~ de maçã)	パイ	pai
recheio (m)	フィリング	firingu
doce (m)	ジャム	jamu
geleia (f) de frutas	マーマレード	māmarēdo
waffle (m)	ワッフル	waffuru
gelado (m)	アイスクリーム	aisukurīmu
pudim (m)	プディング	pudingu

40. Pratos cozinhados

prato (m)	料理	ryōri
cozinha (~ portuguesa)	料理	ryōri
receita (f)	レシピ	reshipi
porção (f)	一人前	ichi ninmae
salada (f)	サラダ	sarada
sopa (f)	スープ	sūpu
caldo (m)	ブイヨン	buiyon
sandes (f)	サンドイッチ	sandoicchi

ovos (m pl) estrelados	目玉焼き	medamayaki
hambúrguer (m)	ハンバーガー	hanbāgā
bife (m)	ビーフステーキ	bīfusutēki

conduto (m)	付け合わせ	tsukeawase
espaguete (m)	スパゲッティ	supagetti
puré (m) de batata	マッシュポテト	masshupoteto
pizza (f)	ピザ	piza
papa (f)	ポリッジ	porijji
omelete (f)	オムレツ	omuretsu

cozido em água	煮た	ni ta
fumado	薫製の	kunsei no
frito	揚げた	age ta
seco	干した	hoshi ta
congelado	冷凍の	reitō no
em conserva	酢漬けの	suzuke no

doce (açucarado)	甘い	amai
salgado	塩味の	shioaji no
frio	冷たい	tsumetai
quente	熱い	atsui
amargo	苦い	nigai
gostoso	美味しい	oishī

cozinhar (em água a ferver)	水で煮る	mizu de niru
fazer, preparar (vt)	料理をする	ryōri wo suru
fritar (vt)	揚げる	ageru
aquecer (vt)	温める	atatameru

salgar (vt)	塩をかける	shio wo kakeru
apimentar (vt)	コショウをかける	koshō wo kakeru
ralar (vt)	すりおろす	suri orosu
casca (f)	皮	kawa
descascar (vt)	皮をむく	kawa wo muku

41. Especiarias

sal (m)	塩	shio
salgado	塩味の	shioaji no
salgar (vt)	塩をかける	shio wo kakeru

pimenta (f) preta	黒コショウ	kuro koshō
pimenta (f) vermelha	赤唐辛子	aka tōgarashi
mostarda (f)	マスタード	masutādo
raiz-forte (f)	セイヨウワサビ	seiyō wasabi

condimento (m)	調味料	chōmiryō
especiaria (f)	香辛料	kōshinryō
molho (m)	ソース	sōsu
vinagre (m)	酢、ビネガー	su, binegā

anis (m)	アニス	anisu
manjericão (m)	バジル	bajiru

cravo (m)	クローブ	kurōbu
gengibre (m)	生姜、ジンジャー	shōga, jinjā
coentro (m)	コリアンダー	koriandā
canela (f)	シナモン	shinamon
sésamo (m)	ゴマ [胡麻]	goma
folhas (f pl) de louro	ローリエ	rōrie
páprica (f)	パプリカ	papurika
cominho (m)	キャラウェイ	kyarawei
açafrão (m)	サフラン	safuran

42. Refeições

comida (f)	食べ物	tabemono
comer (vt)	食べる	taberu
pequeno-almoço (m)	朝食	chōshoku
tomar o pequeno-almoço	朝食をとる	chōshoku wo toru
almoço (m)	昼食	chūshoku
almoçar (vi)	昼食をとる	chūshoku wo toru
jantar (m)	夕食	yūshoku
jantar (vi)	夕食をとる	yūshoku wo toru
apetite (m)	食欲	shokuyoku
Bom apetite!	どうぞお召し上がり下さい！	dōzo o meshiagarikudasai!
abrir (~ uma lata, etc.)	開ける	akeru
derramar (vt)	こぼす	kobosu
derramar-se (vr)	こぼれる	koboreru
ferver (vi)	沸く	waku
ferver (vt)	沸かす	wakasu
fervido	沸騰させた	futtō sase ta
arrefecer (vt)	冷やす	hiyasu
arrefecer-se (vr)	冷える	hieru
sabor, gosto (m)	味	aji
gostinho (m)	後味	atoaji
fazer dieta	ダイエットをする	daietto wo suru
dieta (f)	ダイエット	daietto
vitamina (f)	ビタミン	bitamin
caloria (f)	カロリー	karorī
vegetariano (m)	ベジタリアン	bejitarian
vegetariano	ベジタリアン用の	bejitarian yōno
gorduras (f pl)	脂肪	shibō
proteínas (f pl)	タンパク質 [蛋白質]	tanpaku shitsu
carboidratos (m pl)	炭水化物	tansuikabutsu
fatia (~ de limão, etc.)	スライス	suraisu
pedaço (~ de bolo)	一切れ	ichi kire
migalha (f)	くず	kuzu

43. Por a mesa

colher (f)	スプーン	supūn
faca (f)	ナイフ	naifu
garfo (m)	フォーク	fōku
chávena (f)	カップ	kappu
prato (m)	皿	sara
pires (m)	ソーサー	sōsā
guardanapo (m)	ナフキン	nafukin
palito (m)	つまようじ [爪楊枝]	tsumayōji

44. Restaurante

restaurante (m)	レストラン	resutoran
café (m)	喫茶店	kissaten
bar (m), cervejaria (f)	パブ、バー	pabu, bā
salão (m) de chá	喫茶店	kissaten
empregado (m) de mesa	ウェイター	weitā
empregada (f) de mesa	ウェートレス	wĕtoresu
barman (m)	バーテンダー	bātendā
ementa (f)	メニュー	menyū
lista (f) de vinhos	ワインリスト	wain risuto
reservar uma mesa	テーブルを予約する	tēburu wo yoyaku suru
prato (m)	料理	ryōri
pedir (vt)	注文する	chūmon suru
fazer o pedido	注文する	chūmon suru
aperitivo (m)	アペリティフ	aperitifu
entrada (f)	前菜	zensai
sobremesa (f)	デザート	dezāto
conta (f)	お勘定	okanjō
pagar a conta	勘定を払う	kanjō wo harau
dar o troco	釣り銭を渡す	tsurisen wo watasu
gorjeta (f)	チップ	chippu

Família, parentes e amigos

45. Informação pessoal. Formulários

nome (m)	名前	namae
apelido (m)	姓	sei
data (f) de nascimento	誕生日	tanjō bi
local (m) de nascimento	出生地	shusseichi
nacionalidade (f)	国籍	kokuseki
lugar (m) de residência	住所	jūsho
país (m)	国	kuni
profissão (f)	職業	shokugyō
sexo (m)	性	sei
estatura (f)	身長	shinchō
peso (m)	体重	taijū

46. Membros da família. Parentes

mãe (f)	母親	hahaoya
pai (m)	父親	chichioya
filho (m)	息子	musuko
filha (f)	娘	musume
filha (f) mais nova	下の娘	shitano musume
filho (m) mais novo	下の息子	shitano musuko
filha (f) mais velha	長女	chōjo
filho (m) mais velho	長男	chōnan
irmão (m)	兄、弟、兄弟	ani, otōto, kyoōdai
irmão (m) mais velho	兄	ani
irmão (m) mais novo	弟	otōto
irmã (f)	姉、妹、姉妹	ane, imōto, shimai
irmã (f) mais velha	姉	ane
irmã (f) mais nova	妹	imōto
primo (m)	従兄弟	itoko
prima (f)	従姉妹	itoko
mamã (f)	お母さん	okāsan
papá (m)	お父さん	otōsan
pais (pl)	親	oya
criança (f)	子供	kodomo
crianças (f pl)	子供	kodomo
avó (f)	祖母	sobo
avô (m)	祖父	sofu
neto (m)	孫息子	mago musuko

neta (f)	孫娘	mago musume
netos (pl)	孫	mago
tio (m)	伯父	oji
tia (f)	伯母	oba
sobrinho (m)	甥	oi
sobrinha (f)	姪	mei
sogra (f)	妻の母親	tsuma no hahaoya
sogro (m)	義父	gifu
genro (m)	娘の夫	musume no otto
madrasta (f)	継母	keibo
padrasto (m)	継父	keifu
criança (f) de colo	乳児	nyūji
bebé (m)	赤ん坊	akanbō
menino (m)	子供	kodomo
mulher (f)	妻	tsuma
marido (m)	夫	otto
esposo (m)	配偶者	haigū sha
esposa (f)	配偶者	haigū sha
casado	既婚の	kikon no
casada	既婚の	kikon no
solteiro	独身の	dokushin no
solteirão (m)	独身男性	dokushin dansei
divorciado	離婚した	rikon shi ta
viúva (f)	未亡人	mibōjin
viúvo (m)	男やもめ	otokoyamome
parente (m)	親戚	shinseki
parente (m) próximo	近い親戚	chikai shinseki
parente (m) distante	遠い親戚	tōi shinseki
parentes (m pl)	親族	shinzoku
órfão (m), órfã (f)	孤児	koji
tutor (m)	後見人	kōkennin
adotar (um filho)	養子にする	yōshi ni suru
adotar (uma filha)	養女にする	yōjo ni suru

Medicina

47. Doenças

doença (f)	病気	byōki
estar doente	病気になる	byōki ni naru
saúde (f)	健康	kenkō
nariz (m) a escorrer	鼻水	hanamizu
amigdalite (f)	狭心症	kyōshinshō
constipação (f)	風邪	kaze
constipar-se (vr)	風邪をひく	kaze wo hiku
bronquite (f)	気管支炎	kikanshien
pneumonia (f)	肺炎	haien
gripe (f)	インフルエンザ	infuruenza
míope	近視の	kinshi no
presbita	遠視の	enshi no
estrabismo (m)	斜視	shashi
estrábico	斜視の	shashi no
catarata (f)	白内障	hakunaishō
glaucoma (m)	緑内障	ryokunaishō
AVC (m), apoplexia (f)	脳卒中	nōsocchū
ataque (m) cardíaco	心臓発作	shinzō hossa
enfarte (m) do miocárdio	心筋梗塞	shinkinkōsoku
paralisia (f)	まひ [麻痺]	mahi
paralisar (vt)	まひさせる	mahi saseru
alergia (f)	アレルギー	arerugī
asma (f)	ぜんそく [喘息]	zensoku
diabetes (f)	糖尿病	tōnyō byō
dor (f) de dentes	歯痛	shitsū
cárie (f)	カリエス	kariesu
diarreia (f)	下痢	geri
prisão (f) de ventre	便秘	benpi
desarranjo (m) intestinal	胃のむかつき	i no mukatsuki
intoxicação (f) alimentar	食中毒	shokuchūdoku
intoxicar-se	食中毒にかかる	shokuchūdoku ni kakaru
artrite (f)	関節炎	kansetsu en
raquitismo (m)	くる病	kuru yamai
reumatismo (m)	リューマチ	ryūmachi
arteriosclerose (f)	アテローム性動脈硬化	ate rōmu sei dōmyaku kōka
gastrite (f)	胃炎	ien
apendicite (f)	虫垂炎	chūsuien

colecistite (f)	胆嚢炎	tannō en
úlcera (f)	潰瘍	kaiyō
sarampo (m)	麻疹	hashika
rubéola (f)	風疹	fūshin
itericia (f)	黄疸	ōdan
hepatite (f)	肝炎	kanen
esquizofrenia (f)	統合失調症	tōgō shicchō shō
raiva (f)	恐水病	kyōsuibyō
neurose (f)	神経症	shinkeishō
comoção (f) cerebral	脳震とう（脳震盪）	nōshintō
cancro (m)	がん [癌]	gan
esclerose (f)	硬化症	kōka shō
esclerose (f) múltipla	多発性硬化症	tahatsu sei kōka shō
alcoolismo (m)	アルコール依存症	arukōru izon shō
alcoólico (m)	アルコール依存症患者	arukōru izon shō kanja
sífilis (f)	梅毒	baidoku
SIDA (f)	エイズ	eizu
tumor (m)	腫瘍	shuyō
maligno	悪性の	akusei no
benigno	良性の	ryōsei no
febre (f)	発熱	hatsunetsu
malária (f)	マラリア	mararia
gangrena (f)	壊疽	eso
enjoo (m)	船酔い	fune yoi
epilepsia (f)	てんかん [癲癇]	tenkan
epidemia (f)	伝染病	densen byō
tifo (m)	チフス	chifusu
tuberculose (f)	結核	kekkaku
cólera (f)	コレラ	korera
peste (f)	ペスト	pesuto

48. Sintomas. Tratamentos. Parte 1

sintoma (m)	兆候	chōkō
temperatura (f)	体温	taion
febre (f)	熱	netsu
pulso (m)	脈拍	myakuhaku
vertigem (f)	目まい [眩暈]	memai
quente (testa, etc.)	熱い	atsui
calafrio (m)	震え	furue
pálido	青白い	aojiroi
tosse (f)	咳	seki
tossir (vi)	咳をする	seki wo suru
espirrar (vi)	くしゃみをする	kushami wo suru
desmaio (m)	気絶	kizetsu

desmaiar (vi)	気絶する	kizetsu suru
nódoa (f) negra	打ち身	uchimi
galo (m)	たんこぶ	tankobu
magoar-se (vr)	あざができる	aza ga dekiru
pisadura (f)	打撲傷	dabokushō
aleijar-se (vr)	打撲する	daboku suru
coxear (vi)	足を引きずる	ashi wo hikizuru
deslocação (f)	脱臼	dakkyū
deslocar (vt)	脱臼する	dakkyū suru
fratura (f)	骨折	kossetsu
fraturar (vt)	骨折する	kossetsu suru
corte (m)	切り傷	kirikizu
cortar-se (vr)	切り傷を負う	kirikizu wo ō
hemorragia (f)	出血	shukketsu
queimadura (f)	火傷	yakedo
queimar-se (vr)	火傷する	yakedo suru
picar (vt)	刺す	sasu
picar-se (vr)	自分を刺す	jibun wo sasu
lesionar (vt)	けがする	kega suru
lesão (m)	けが [怪我]	kega
ferida (f), ferimento (m)	負傷	fushō
trauma (m)	外傷	gaishō
delirar (vi)	熱に浮かされる	netsu ni ukasareru
gaguejar (vi)	どもる	domoru
insolação (f)	日射病	nisshabyō

49. Sintomas. Tratamentos. Parte 2

dor (f)	痛み	itami
farpa (no dedo)	とげ [棘]	toge
suor (m)	汗	ase
suar (vi)	汗をかく	ase wo kaku
vómito (m)	嘔吐	ōto
convulsões (f pl)	けいれん [痙攣]	keiren
grávida	妊娠している	ninshin shi te iru
nascer (vi)	生まれる	umareru
parto (m)	分娩	bumben
dar à luz	分娩する	bumben suru
aborto (m)	妊娠中絶	ninshin chūzetsu
respiração (f)	呼吸	kokyū
inspiração (f)	息を吸うこと	iki wo sū koto
expiração (f)	息を吐くこと	iki wo haku koto
expirar (vi)	息を吐く	iki wo haku
inspirar (vi)	息を吸う	iki wo sū
inválido (m)	障害者	shōgai sha
aleijado (m)	身障者	shinshōsha

toxicodependente (m)	麻薬中毒者	mayaku chūdoku sha
surdo	ろうの [聾の]	rō no
mudo	口のきけない	kuchi no kike nai
surdo-mudo	ろうあの [聾唖の]	rōa no
louco (adj.)	狂気の	kyōki no
louco (m)	狂人	kyōjin
louca (f)	狂女	kyōjo
ficar louco	気が狂う	ki ga kurū
gene (m)	遺伝子	idenshi
imunidade (f)	免疫	meneki
hereditário	遺伝性の	iden sei no
congénito	先天性の	senten sei no
vírus (m)	ウィルス	wirusu
micróbio (m)	細菌	saikin
bactéria (f)	バクテリア	bakuteria
infeção (f)	伝染	densen

50. Sintomas. Tratamentos. Parte 3

hospital (m)	病院	byōin
paciente (m)	患者	kanja
diagnóstico (m)	診断	shindan
cura (f)	療養	ryōyō
tratamento (m) médico	治療	chiryō
curar-se (vr)	治療を受ける	chiryō wo ukeru
tratar (vt)	治療する	chiryō suru
cuidar (pessoa)	看護する	kango suru
cuidados (m pl)	看護	kango
operação (f)	手術	shujutsu
enfaixar (vt)	包帯をする	hōtai wo suru
enfaixamento (m)	包帯を巻くこと	hōtai wo maku koto
vacinação (f)	予防接種	yobō sesshu
vacinar (vt)	予防接種をする	yobō sesshu wo suru
injeção (f)	注射	chūsha
dar uma injeção	注射する	chūsha suru
ataque (~ de asma, etc.)	発作	hossa
amputação (f)	切断手術	setsudan shujutsu
amputar (vt)	切断する	setsudan suru
coma (f)	昏睡	konsui
estar em coma	昏睡状態になる	konsui jōtai ni naru
reanimação (f)	集中治療	shūchū chiryō
recuperar-se (vr)	回復する	kaifuku suru
estado (~ de saúde)	体調	taichō
consciência (f)	意識	ishiki
memória (f)	記憶	kioku
tirar (vt)	抜く	nuku

chumbo (m), obturação (f)	詰め物	tsume mono
chumbar, obturar (vt)	詰め物をする	tsume mono wo suru
hipnose (f)	催眠術	saimin jutsu
hipnotizar (vt)	催眠術をかける	saimin jutsu wo kakeru

51. Médicos

médico (m)	医者	isha
enfermeira (f)	看護師	kangoshi
médico (m) pessoal	町医者	machīsha
dentista (m)	歯科医	shikai
oculista (m)	眼科医	gankai
terapeuta (m)	内科医	naikai
cirurgião (m)	外科医	gekai
psiquiatra (m)	精神科医	seishin kai
pediatra (m)	小児科医	shōnikai
psicólogo (m)	心理学者	shinri gakusha
ginecologista (m)	婦人科医	fujin kai
cardiologista (m)	心臓内科医	shinzō naikai

52. Medicina. Drogas. Acessórios

medicamento (m)	薬	kusuri
remédio (m)	治療薬	chiryō yaku
receitar (vt)	処方する	shohō suru
receita (f)	処方	shohō
comprimido (m)	錠剤	jōzai
pomada (f)	軟膏	nankō
ampola (f)	アンプル	anpuru
preparado (m)	調合薬	chōgō yaku
xarope (m)	シロップ	shiroppu
cápsula (f)	丸剤	gan zai
remédio (m) em pó	粉薬	konagusuri
ligadura (f)	包帯	hōtai
algodão (m)	脱脂綿	dasshimen
iodo (m)	ヨード	yōdo
penso (m) rápido	ばんそうこう [絆創膏]	bansōkō
conta-gotas (m)	アイドロッパー	aidoroppā
termómetro (m)	体温計	taionkei
seringa (f)	注射器	chūsha ki
cadeira (f) de rodas	車椅子	kurumaisu
muletas (f pl)	松葉杖	matsubazue
analgésico (m)	痛み止め	itami tome
laxante (m)	下剤	gezai

álcool (m) etílico	エタノール	etanoru
ervas (f pl) medicinais	薬草	yakusō
de ervas (chá ~)	薬草の	yakusō no

HABITAT HUMANO

Cidade

53. Cidade. Vida na cidade

cidade (f)	市、町	shi, machi
capital (f)	首都	shuto
aldeia (f)	村	mura
mapa (m) da cidade	市街地図	shigai chizu
centro (m) da cidade	中心街	chūshin gai
subúrbio (m)	郊外	kōgai
suburbano	郊外の	kōgai no
periferia (f)	町外れ	machihazure
arredores (m pl)	近郊	kinkō
quarteirão (m)	街区	gaiku
quarteirão (m) residencial	住宅街	jūtaku gai
tráfego (m)	交通	kōtsū
semáforo (m)	信号	shingō
transporte (m) público	公共交通機関	kōkyō kōtsū kikan
cruzamento (m)	交差点	kōsaten
passadeira (f)	横断歩道	ōdan hodō
passagem (f) subterrânea	地下道	chikadō
cruzar, atravessar (vt)	横断する	ōdan suru
peão (m)	歩行者	hokō sha
passeio (m)	歩道	hodō
ponte (f)	橋	hashi
margem (f) do rio	堤防	teibō
fonte (f)	噴水	funsui
alameda (f)	散歩道	sanpomichi
parque (m)	公園	kōen
bulevar (m)	大通り	ōdōri
praça (f)	広場	hiroba
avenida (f)	アヴェニュー	avenyū
rua (f)	通り	tōri
travessa (f)	わき道 [脇道]	wakimichi
beco (m) sem saída	行き止まり	ikidomari
casa (f)	家屋	kaoku
edifício, prédio (m)	建物	tatemono
arranha-céus (m)	摩天楼	matenrō
fachada (f)	ファサード	fasādo
telhado (m)	屋根	yane

janela (f)	窓	mado
arco (m)	アーチ	āchi
coluna (f)	柱	hashira
esquina (f)	角	kado
montra (f)	ショーウインドー	shōuindō
letreiro (m)	店看板	mise kanban
cartaz (m)	ポスター	posutā
cartaz (m) publicitário	広告ポスター	kōkoku posutā
painel (m) publicitário	広告掲示板	kōkoku keijiban
lixo (m)	ゴミ［ごみ］	gomi
cesta (f) do lixo	ゴミ入れ	gomi ire
jogar lixo na rua	ゴミを投げ捨てる	gomi wo nagesuteru
aterro (m) sanitário	ゴミ捨て場	gomi suteba
cabine (f) telefónica	電話ボックス	denwa bokkusu
candeeiro (m) de rua	街灯柱	gaitō bashira
banco (m)	ベンチ	benchi
polícia (m)	警官	keikan
polícia (instituição)	警察	keisatsu
mendigo (m)	こじき	kojiki
sem-abrigo (m)	ホームレス	hōmuresu

54. Instituições urbanas

loja (f)	店、…屋	mise, …ya
farmácia (f)	薬局	yakkyoku
ótica (f)	眼鏡店	megane ten
centro (m) comercial	ショッピングモール	shoppingu mōru
supermercado (m)	スーパーマーケット	sūpāmāketto
padaria (f)	パン屋	panya
padeiro (m)	パン職人	pan shokunin
pastelaria (f)	菓子店	kashi ten
mercearia (f)	食料品店	shokuryō hin ten
talho (m)	肉屋	nikuya
loja (f) de legumes	八百屋	yaoya
mercado (m)	市場	ichiba
café (m)	喫茶店	kissaten
restaurante (m)	レストラン	resutoran
bar (m), cervejaria (f)	パブ	pabu
pizzaria (f)	ピザ屋	piza ya
salão (m) de cabeleireiro	美容院	biyō in
correios (m pl)	郵便局	yūbin kyoku
lavandaria (f)	クリーニング屋	kurīningu ya
estúdio (m) fotográfico	写真館	shashin kan
sapataria (f)	靴屋	kutsuya
livraria (f)	本屋	honya

loja (f) de artigos de desporto	スポーツ店	supōtsu ten
reparação (f) de roupa	洋服直し専門店	yōfuku naoshi senmon ten
aluguer (m) de roupa	貸衣裳店	kashi ishō ten
aluguer (m) de filmes	レンタルビデオ店	rentarubideo ten
circo (m)	サーカス	sākasu
jardim (m) zoológico	動物園	dōbutsu en
cinema (m)	映画館	eiga kan
museu (m)	博物館	hakubutsukan
biblioteca (f)	図書館	toshokan
teatro (m)	劇場	gekijō
ópera (f)	オペラハウス	opera hausu
clube (m) noturno	ナイトクラブ	naito kurabu
casino (m)	カジノ	kajino
mesquita (f)	モスク	mosuku
sinagoga (f)	シナゴーグ	shinagōgu
catedral (f)	大聖堂	dai seidō
templo (m)	寺院	jīn
igreja (f)	教会	kyōkai
instituto (m)	大学	daigaku
universidade (f)	大学	daigaku
escola (f)	学校	gakkō
prefeitura (f)	県庁舎	ken chōsha
câmara (f) municipal	市役所	shiyaku sho
hotel (m)	ホテル	hoteru
banco (m)	銀行	ginkō
embaixada (f)	大使館	taishikan
agência (f) de viagens	旅行代理店	ryokō dairi ten
agência (f) de informações	案内所	annai sho
casa (f) de câmbio	両替所	ryōgae sho
metro (m)	地下鉄	chikatetsu
hospital (m)	病院	byōin
posto (m) de gasolina	ガソリンスタンド	gasorin sutando
parque (m) de estacionamento	駐車場	chūsha jō

55. Sinais

letreiro (m)	店看板	mise kanban
inscrição (f)	看板	kanban
cartaz, póster (m)	ポスター	posutā
sinal (m) informativo	方向看板	hōkō kanban
seta (f)	矢印	yajirushi
aviso (advertência)	注意	chūi
sinal (m) de aviso	警告表示	keikoku hyōji
avisar, advertir (vt)	警告する	keikoku suru
dia (m) de folga	定休日	teikyū bi

horário (m)	営業時間の看板	eigyō jikan no kanban
horário (m) de funcionamento	営業時間	eigyō jikan
BEM-VINDOS!	ようこそ	yōkoso
ENTRADA	入口	iriguchi
SAÍDA	出口	deguchi
EMPURRE	押す	osu
PUXE	引く	hiku
ABERTO	営業中	eigyō chū
FECHADO	休業日	kyūgyōbi
MULHER	女性	josei
HOMEM	男性	dansei
DESCONTOS	割引	waribiki
SALDOS	バーゲンセール	bāgen sēru
NOVIDADE!	新発売！	shin hatsubai!
GRÁTIS	無料	muryō
ATENÇÃO!	ご注意！	go chūi!
NÃO HÁ VAGAS	満室	manshitsu
RESERVADO	御予約席	go yoyaku seki
ADMINISTRAÇÃO	支配人	shihainin
SOMENTE PESSOAL AUTORIZADO	関係者以外立入禁止	kankei sha igai tachīrikinshi
CUIDADO CÃO FEROZ	猛犬注意	mōken chūi
PROIBIDO FUMAR!	禁煙	kinen
NÃO TOCAR	手を触れるな	te wo fureru na
PERIGOSO	危険	kiken
PERIGO	危険	kiken
ALTA TENSÃO	高電圧	kō denatsu
PROIBIDO NADAR	水泳禁止	suiei kinshi
AVARIADO	故障中	koshō chū
INFLAMÁVEL	可燃性物質	kanen sei busshitsu
PROIBIDO	禁止	kinshi
ENTRADA PROIBIDA	通り抜け禁止	tōrinuke kinshi
CUIDADO TINTA FRESCA	ペンキ塗りたて	penki nuritate

56. Transportes urbanos

autocarro (m)	バス	basu
elétrico (m)	路面電車	romen densha
troleicarro (m)	トロリーバス	tororībasu
itinerário (m)	路線	rosen
número (m)	番号	bangō
ir de ... (carro, etc.)	…で行く	... de iku
entrar (~ no autocarro)	乗る	noru
descer de ...	降りる	oriru

paragem (f)	停	toma
próxima paragem (f)	次の停車駅	tsugi no teishaeki
ponto (m) final	終着駅	shūchakueki
horário (m)	時刻表	jikoku hyō
esperar (vt)	待つ	matsu
bilhete (m)	乗車券	jōsha ken
custo (m) do bilhete	運賃	unchin
bilheteiro (m)	販売員	hanbai in
controlo (m) dos bilhetes	集札	shū satsu
revisor (m)	車掌	shashō
atrasar-se (vr)	遅れる	okureru
perder (o autocarro, etc.)	逃す	nogasu
estar com pressa	急ぐ	isogu
táxi (m)	タクシー	takushī
taxista (m)	タクシーの運転手	takushī no unten shu
de táxi (ir ~)	タクシーで	takushī de
praça (f) de táxis	タクシー乗り場	takushī noriba
chamar um táxi	タクシーを呼ぶ	takushī wo yobu
apanhar um táxi	タクシーに乗る	takushī ni noru
tráfego (m)	交通	kōtsū
engarrafamento (m)	渋滞	jūtai
horas (f pl) de ponta	ラッシュアワー	rasshuawā
estacionar (vi)	駐車する	chūsha suru
estacionar (vt)	駐車する	chūsha suru
parque (m) de estacionamento	駐車場	chūsha jō
metro (m)	地下鉄	chikatetsu
estação (f)	駅	eki
ir de metro	地下鉄で行く	chikatetsu de iku
comboio (m)	列車	ressha
estação (f)	鉄道駅	tetsudō eki

57. Turismo

monumento (m)	記念碑	kinen hi
fortaleza (f)	要塞	yōsai
palácio (m)	宮殿	kyūden
castelo (m)	城	shiro
torre (f)	塔	tō
mausoléu (m)	マウソレウム	mausoreumu
arquitetura (f)	建築	kenchiku
medieval	中世の	chūsei no
antigo	古代の	kodai no
nacional	国の	kuni no
conhecido	有名な	yūmei na
turista (m)	観光客	kankō kyaku
guia (pessoa)	ガイド	gaido

excursão (f)	小旅行	shō ryokō
mostrar (vt)	案内する	annai suru
contar (vt)	話をする	hanashi wo suru
encontrar (vt)	見つける	mitsukeru
perder-se (vr)	道に迷う	michi ni mayō
mapa (~ do metrô)	地図	chizu
mapa (~ da cidade)	地図	chizu
lembrança (f), presente (m)	土産	miyage
loja (f) de presentes	土産品店	miyage hin ten
fotografar (vt)	写真に撮る	shashin ni toru
fotografar-se	写真を撮られる	shashin wo torareru

58. Compras

comprar (vt)	買う	kau
compra (f)	買い物	kaimono
fazer compras	買い物に行く	kaimono ni iku
compras (f pl)	ショッピング	shoppingu
estar aberta (loja, etc.)	開いている	hiraite iru
estar fechada	閉まっている	shimatte iru
calçado (m)	履物	hakimono
roupa (f)	洋服	yōfuku
cosméticos (m pl)	化粧品	keshō hin
alimentos (m pl)	食料品	shokuryō hin
presente (m)	土産	miyage
vendedor (m)	店員、売り子	tenin, uriko
vendedora (f)	店員、売り子	tenin, uriko
caixa (f)	レジ	reji
espelho (m)	鏡	kagami
balcão (m)	カウンター	kauntā
cabine (f) de provas	試着室	shichaku shitsu
provar (vt)	試着する	shichaku suru
servir (vi)	合う	au
gostar (apreciar)	好む	konomu
preço (m)	価格	kakaku
etiqueta (f) de preço	値札	nefuda
custar (vt)	かかる	kakaru
Quanto?	いくら？	ikura ?
desconto (m)	割引	waribiki
não caro	安価な	anka na
barato	安い	yasui
caro	高い	takai
É caro	それは高い	sore wa takai
aluguer (m)	レンタル	rentaru
alugar (vestidos, etc.)	レンタルする	rentaru suru

crédito (m)	信用取引	shinyō torihiki
a crédito	付けで	tsuke de

59. Dinheiro

dinheiro (m)	お金	okane
câmbio (m)	両替	ryōgae
taxa (f) de câmbio	為替レート	kawase rēto
Caixa Multibanco (m)	ATM	ētīemu
moeda (f)	コイン	koin
dólar (m)	ドル	doru
euro (m)	ユーロ	yūro
lira (f)	リラ	rira
marco (m)	ドイツマルク	doitsu maruku
franco (m)	フラン	furan
libra (f) esterlina	スターリング・ポンド	sutāringu pondo
iene (m)	円	en
dívida (f)	債務	saimu
devedor (m)	債務者	saimu sha
emprestar (vt)	貸す	kasu
pedir emprestado	借りる	kariru
banco (m)	銀行	ginkō
conta (f)	口座	kōza
depositar (vt)	預金する	yokin suru
depositar na conta	口座に預金する	kōza ni yokin suru
levantar (vt)	引き出す	hikidasu
cartão (m) de crédito	クレジットカード	kurejitto kādo
dinheiro (m) vivo	現金	genkin
cheque (m)	小切手	kogitte
passar um cheque	小切手を書く	kogitte wo kaku
livro (m) de cheques	小切手帳	kogitte chō
carteira (f)	財布	saifu
porta-moedas (m)	小銭入れ	kozeni ire
cofre (m)	金庫	kinko
herdeiro (m)	相続人	sōzokunin
herança (f)	相続	sōzoku
fortuna (riqueza)	財産	zaisan
arrendamento (m)	賃貸	chintai
renda (f) de casa	家賃	yachin
alugar (vt)	借りる	kariru
preço (m)	価格	kakaku
custo (m)	費用	hiyō
soma (f)	合計金額	gōkei kingaku
gastar (vt)	お金を使う	okane wo tsukau
gastos (m pl)	出費	shuppi

economizar (vi)	倹約する	kenyaku suru
económico	節約の	setsuyaku no
pagar (vt)	払う	harau
pagamento (m)	支払い	shiharai
troco (m)	おつり	o tsuri
imposto (m)	税	zei
multa (f)	罰金	bakkin
multar (vt)	罰金を科す	bakkin wo kasu

60. Correios. Serviço postal

correios (m pl)	郵便局	yūbin kyoku
correio (m)	郵便物	yūbin butsu
carteiro (m)	郵便配達人	yūbin haitatsu jin
horário (m)	営業時間	eigyō jikan
carta (f)	手紙	tegami
carta (f) registada	書留郵便	kakitome yūbin
postal (m)	はがき [葉書]	hagaki
telegrama (m)	電報	denpō
encomenda (f) postal	小包	kozutsumi
remessa (f) de dinheiro	送金	sōkin
receber (vt)	受け取る	uketoru
enviar (vt)	送る	okuru
envio (m)	送信	sōshin
endereço (m)	住所	jūsho
código (m) postal	郵便番号	yūbin bangō
remetente (m)	送り主	okurinushi
destinatário (m)	受取人	uketorinin
nome (m)	名前	namae
apelido (m)	姓	sei
tarifa (f)	郵便料金	yūbin ryōkin
ordinário	通常の	tsūjō no
económico	エコノミー航空	ekonomīkōkū
peso (m)	重さ	omo sa
pesar (estabelecer o peso)	量る	hakaru
envelope (m)	封筒	fūtō
selo (m)	郵便切手	yūbin kitte
colar o selo	封筒に切手を貼る	fūtō ni kitte wo haru

Moradia. Casa. Lar

61. Casa. Eletricidade

eletricidade (f)	電気	denki
lâmpada (f)	電球	denkyū
interruptor (m)	スイッチ	suicchi
fusível (m)	ヒューズ	hyūzu
fio, cabo (m)	電線、ケーブル	densen, kēburu
instalação (f) elétrica	電気配線	denki haisen
contador (m) de eletricidade	電気メーター	denki mētā
indicação (f), registo (m)	検針値	kenshin chi

62. Moradia. Mansão

casa (f) de campo	田舎の邸宅	inaka no teitaku
vila (f)	別荘	bessō
ala (~ do edifício)	翼棟	yokutō
jardim (m)	庭	niwa
parque (m)	庭園	teien
estufa (f)	温室	onshitsu
cuidar de ...	手入れをする	teire wo suru
piscina (f)	プール	pūru
ginásio (m)	ジム	jimu
campo (m) de ténis	テニスコート	tenisu kōto
cinema (m)	ホームシアター	hōmu shiatā
garagem (f)	車庫	shako
propriedade (f) privada	私有地	shiyūchi
terreno (m) privado	民有地	minyū chi
advertência (f)	警告	keikoku
sinal (m) de aviso	警告表示	keikoku hyōji
guarda (f)	警備	keibi
guarda (m)	警備員	keibi in
alarme (m)	強盗警報機	gōtō keihō ki

63. Apartamento

apartamento (m)	アパート	apāto
quarto (m)	部屋	heya
quarto (m) de dormir	寝室	shinshitsu

sala (f) de jantar	食堂	shokudō
sala (f) de estar	居間	ima
escritório (m)	書斎	shosai
antessala (f)	玄関	genkan
quarto (m) de banho	浴室	yokushitsu
toilette (lavabo)	トイレ	toire
teto (m)	天井	tenjō
chão, soalho (m)	床	yuka
canto (m)	隅	sumi

64. Mobiliário. Interior

mobiliário (m)	家具	kagu
mesa (f)	テーブル	tēburu
cadeira (f)	椅子	isu
cama (f)	ベッド	beddo
divã (m)	ソファ	sofa
cadeirão (m)	肘掛け椅子	hijikake isu
estante (f)	書棚	shodana
prateleira (f)	棚	tana
guarda-vestidos (m)	ワードローブ	wādo rōbu
cabide (m) de parede	ウォールハンガー	wōru hangā
cabide (m) de pé	コートスタンド	kōto sutando
cómoda (f)	チェスト	chesuto
mesinha (f) de centro	コーヒーテーブル	kōhī tēburu
espelho (m)	鏡	kagami
tapete (m)	カーペット	kāpetto
tapete (m) pequeno	マット	matto
lareira (f)	暖炉	danro
vela (f)	ろうそく	rōsoku
castiçal (m)	ろうそく立て	rōsoku date
cortinas (f pl)	カーテン	kāten
papel (m) de parede	壁紙	kabegami
estores (f pl)	ブラインド	buraindo
candeeiro (m) de mesa	テーブルランプ	tēburu ranpu
candeeiro (m) de parede	ウォールランプ	wōru ranpu
candeeiro (m) de pé	フロアスタンド	furoa sutando
lustre (m)	シャンデリア	shanderia
pé (de mesa, etc.)	脚	ashi
braço (m)	肘掛け	hijikake
costas (f pl)	背もたれ	semotare
gaveta (f)	引き出し	hikidashi

65. Quarto de dormir

roupa (f) de cama	寝具	shingu
almofada (f)	枕	makura
fronha (f)	枕カバー	makura kabā
cobertor (m)	毛布	mōfu
lençol (m)	シーツ	shītsu
colcha (f)	ベッドカバー	beddo kabā

66. Cozinha

cozinha (f)	台所	daidokoro
gás (m)	ガス	gasu
fogão (m) a gás	ガスコンロ	gasu konro
fogão (m) elétrico	電気コンロ	denki konro
forno (m)	オーブン	ōbun
forno (m) de micro-ondas	電子レンジ	denshi renji
frigorífico (m)	冷蔵庫	reizōko
congelador (m)	冷凍庫	reitōko
máquina (f) de lavar louça	食器洗い機	shokkiarai ki
moedor (m) de carne	肉挽き器	niku hiki ki
espremedor (m)	ジューサー	jūsā
torradeira (f)	トースター	tōsutā
batedeira (f)	ハンドミキサー	hando mikisā
máquina (f) de café	コーヒーメーカー	kōhī mēkā
cafeteira (f)	コーヒーポット	kōhī potto
moinho (m) de café	コーヒーグラインダー	kōhī guraindā
chaleira (f)	やかん	yakan
bule (m)	急須	kyūsu
tampa (f)	蓋 [ふた]	futa
coador (m) de chá	茶漉し	chakoshi
colher (f)	さじ [匙]	saji
colher (f) de chá	茶さじ	cha saji
colher (f) de sopa	大さじ [大匙]	ōsaji
garfo (m)	フォーク	fōku
faca (f)	ナイフ	naifu
louça (f)	食器	shokki
prato (m)	皿	sara
pires (m)	ソーサー	sōsā
cálice (m)	ショットグラス	shotto gurasu
copo (m)	コップ	koppu
chávena (f)	カップ	kappu
açucareiro (m)	砂糖入れ	satō ire
saleiro (m)	塩入れ	shio ire
pimenteiro (m)	胡椒入れ	koshō ire

manteigueira (f)	バター皿	batā zara
panela, caçarola (f)	両手鍋	ryō tenabe
frigideira (f)	フライパン	furaipan
concha (f)	おたま	o tama
passador (m)	水切りボール	mizukiri bōru
bandeja (f)	配膳盆	haizen bon
garrafa (f)	ボトル	botoru
boião (m) de vidro	ジャー、瓶	jā, bin
lata (f)	缶	kan
abre-garrafas (m)	栓抜き	sen nuki
abre-latas (m)	缶切り	kankiri
saca-rolhas (m)	コルク抜き	koruku nuki
filtro (m)	フィルター	firutā
filtrar (vt)	フィルターにかける	firutā ni kakeru
lixo (m)	ゴミ［ごみ］	gomi
balde (m) do lixo	ゴミ箱	gomibako

67. Casa de banho

quarto (m) de banho	浴室	yokushitsu
água (f)	水	mizu
torneira (f)	蛇口	jaguchi
água (f) quente	温水	onsui
água (f) fria	冷水	reisui
pasta (f) de dentes	歯磨き粉	hamigakiko
escovar os dentes	歯を磨く	ha wo migaku
escova (f) de dentes	歯ブラシ	haburashi
barbear-se (vr)	ひげを剃る	hige wo soru
espuma (f) de barbear	シェービングフォーム	shēbingu fōmu
máquina (f) de barbear	剃刀	kamisori
lavar (vt)	洗う	arau
lavar-se (vr)	風呂に入る	furo ni hairu
duche (m)	シャワー	shawā
tomar um duche	シャワーを浴びる	shawā wo abiru
banheira (f)	浴槽	yokusō
sanita (f)	トイレ、便器	toire, benki
lavatório (m)	洗面台	senmen dai
sabonete (m)	石鹸	sekken
saboneteira (f)	石鹸皿	sekken zara
esponja (f)	スポンジ	suponji
champô (m)	シャンプー	shanpū
toalha (f)	タオル	taoru
roupão (m) de banho	バスローブ	basurōbu
lavagem (f)	洗濯	sentaku
máquina (f) de lavar	洗濯機	sentaku ki

lavar a roupa	洗濯する	sentaku suru
detergente (m)	洗剤	senzai

68. Eletrodomésticos

televisor (m)	テレビ	terebi
gravador (m)	テープレコーダー	tēpurekōdā
videogravador (m)	ビデオ	bideo
rádio (m)	ラジオ	rajio
leitor (m)	プレーヤー	purēyā

projetor (m)	ビデオプロジェクター	bideo purojekutā
cinema (m) em casa	ホームシアター	hōmu shiatā
leitor (m) de DVD	DVDプレーヤー	dībuidī purēyā
amplificador (m)	アンプ	anpu
console (f) de jogos	ゲーム機	gēmu ki

câmara (f) de vídeo	ビデオカメラ	bideo kamera
máquina (f) fotográfica	カメラ	kamera
câmara (f) digital	デジタルカメラ	dejitaru kamera

aspirador (m)	掃除機	sōji ki
ferro (m) de engomar	アイロン	airon
tábua (f) de engomar	アイロン台	airondai

telefone (m)	電話	denwa
telemóvel (m)	携帯電話	keitai denwa
máquina (f) de escrever	タイプライター	taipuraitā
máquina (f) de costura	ミシン	mishin

microfone (m)	マイクロフォン	maikurofon
auscultadores (m pl)	ヘッドホン	heddohon
controlo remoto (m)	リモコン	rimokon

CD (m)	CD (シーディー)	shīdī
cassete (f)	カセットテープ	kasettotēpu
disco (m) de vinil	レコード	rekōdo

ATIVIDADES HUMANAS

Emprego. Negócios. Parte 1

69. Escritório. O trabalho no escritório

escritório (~ de advogados)	オフィス	ofisu
escritório (do diretor, etc.)	室	shitsu
receção (f)	受付	uketsuke
secretário (m)	秘書	hisho
secretária (f)	秘書	hisho
diretor (m)	責任者	sekinin sha
gerente (m)	マネージャー	manējā
contabilista (m)	会計士	kaikeishi
empregado (m)	社員	shain
mobiliário (m)	家具	kagu
mesa (f)	デスク	desuku
cadeira (f)	ワーキングチェア	wākingu chea
bloco (m) de gavetas	キャビネット	kyabinetto
cabide (m) de pé	コートスタンド	kōto sutando
computador (m)	コンピューター	konpyūtā
impressora (f)	プリンター	purintā
fax (m)	ファックス	fakkusu
fotocopiadora (f)	コピー機	kopī ki
papel (m)	用紙	yōshi
artigos (m pl) de escritório	事務用品	jimu yōhin
tapete (m) de rato	マウスパッド	mausu paddo
folha (f) de papel	一枚の紙	ichimai no kami
pasta (f)	バインダー	baindā
catálogo (m)	カタログ	katarogu
diretório (f) telefónico	電話帳	denwa chō
documentação (f)	付随資料	fuzui shiryō
brochura (f)	パンフレット	panfuretto
flyer (m)	チラシ	chirashi
amostra (f)	見本	mihon
formação (f)	研修	kenshū
reunião (f)	会議	kaigi
hora (f) de almoço	昼食時間	chūshoku jikan
fazer uma cópia	コピーする	kopī suru
tirar cópias	複数部コピーする	fukusū bu kopī suru
receber um fax	ファックスを受け取る	fakkusu wo uketoru
enviar um fax	ファクスを送る	fakusu wo okuru

fazer uma chamada	電話する	denwa suru
responder (vt)	出る	deru
passar (vt)	電話をつなぐ	denwa wo tsunagu
marcar (vt)	段取りをつける	dandori wo tsukeru
demonstrar (vt)	デモをする	demo wo suru
estar ausente	欠席する	kesseki suru
ausência (f)	欠席	kesseki

70. Processos negociais. Parte 1

negócio (m)	商売	shōbai
ocupação (f)	職業	shokugyō
firma, empresa (f)	会社	kaisha
companhia (f)	会社	kaisha
corporação (f)	法人	hōjin
empresa (f)	企業	kigyō
agência (f)	代理店	dairi ten
acordo (documento)	合意書	gōi sho
contrato (m)	契約	keiyaku
acordo (transação)	取引	torihiki
encomenda (f)	注文	chūmon
cláusulas (f pl), termos (m pl)	条件	jōken
por grosso (adv)	卸売で	oroshiuri de
por grosso (adj)	卸売の	oroshiuri no
venda (f) por grosso	卸売り	oroshiuri
a retalho	小売の	kōri no
venda (f) a retalho	小売り	kōri
concorrente (m)	競争相手	kyōsō aite
concorrência (f)	競争	kyōsō
competir (vi)	競争する	kyōsō suru
sócio (m)	パートナー	pātonā
parceria (f)	協力関係	kyōryoku kankei
crise (f)	危機	kiki
bancarrota (f)	破産	hasan
entrar em falência	破産する	hasan suru
dificuldade (f)	困難	konnan
problema (m)	問題	mondai
catástrofe (f)	大失敗	dai shippai
economia (f)	景気	keiki
económico	景気の	keiki no
recessão (f) económica	景気後退	keiki kōtai
objetivo (m)	目標	mokuhyō
tarefa (f)	任務	ninmu
comerciar (vi, vt)	商売をする	shōbai wo suru
rede (de distribuição)	網	mō

estoque (m)	在庫	zaiko
sortimento (m)	仕分け	shiwake
líder (m)	トップ企業	toppu kigyō
grande (~ empresa)	大手の	ōte no
monopólio (m)	独占	dokusen
teoria (f)	理論	riron
prática (f)	実務	jitsumu
experiência (falar por ~)	経験	keiken
tendência (f)	傾向	keikō
desenvolvimento (m)	発展	hatten

71. Processos negociais. Parte 2

rentabilidade (f)	利益	rieki
rentável	利益のある	rieki no aru
delegação (f)	代表団	daihyō dan
salário, ordenado (m)	給料	kyūryō
corrigir (um erro)	直す	naosu
viagem (f) de negócios	出張	shucchō
comissão (f)	歩合	buai
controlar (vt)	支配する	shihai suru
conferência (f)	会議	kaigi
licença (f)	免許	menkyo
confiável	信頼できる	shinrai dekiru
empreendimento (m)	開始	kaishi
norma (f)	標準	hyōjun
circunstância (f)	状況	jōkyō
dever (m)	職務	shokumu
empresa (f)	組織	soshiki
organização (f)	主催	shusai
organizado	主催された	shusai sare ta
anulação (f)	取り消し	torikeshi
anular, cancelar (vt)	取り消す	torikesu
relatório (m)	報告	hōkoku
patente (f)	特許	tokkyo
patentear (vt)	特許を取る	tokkyo wo toru
planear (vt)	計画する	keikaku suru
prémio (m)	ボーナス	bōnasu
profissional	専門的な	senmon teki na
procedimento (m)	手順	tejun
examinar (a questão)	調べ上げる	shirabe ageru
cálculo (m)	計算	keisan
reputação (f)	評判	hyōban
risco (m)	リスク	risuku
dirigir (~ uma empresa)	管理する	kanri suru

informação (f)	情報	jōhō
propriedade (f)	財産	zaisan
união (f)	連合	rengō
seguro (m) de vida	生命保険	seimei hoken
fazer um seguro	保険をかける	hoken wo kakeru
seguro (m)	保険	hoken
leilão (m)	競売	kyōbai
notificar (vt)	通知する	tsūchi suru
gestão (f)	マネージメント	manējimento
serviço (indústria de ~s)	サービス	sābisu
fórum (m)	公開討論会	kōkai tōron kai
funcionar (vi)	機能する	kinō suru
estágio (m)	段階	dankai
jurídico	法律の	hōritsu no
jurista (m)	弁護士	bengoshi

72. Produção. Trabalhos

usina (f)	工場	kōba
fábrica (f)	製造所	seizō sho
oficina (f)	作業場	sagyōba
local (m) de produção	生産現場	seisan genba
indústria (f)	産業	sangyō
industrial	産業の	sangyō no
indústria (f) pesada	重工業	jūkōgyō
indústria (f) ligeira	軽工業	keikōgyō
produção (f)	生産物	seisan butsu
produzir (vt)	製造する	seisan suru
matérias-primas (f pl)	原料	genryō
chefe (m) de brigada	職長	shokuchō
brigada (f)	作業チーム	sagyō chīmu
operário (m)	作業員	sagyō in
dia (m) de trabalho	営業日	eigyōbi
pausa (f)	休憩	kyūkei
reunião (f)	会議	kaigi
discutir (vt)	討議する	tōgi suru
plano (m)	計画	keikaku
cumprir o plano	計画を実行する	keikaku wo jikkō suru
taxa (f) de produção	生産率	seisan ritsu
qualidade (f)	質	shitsu
controlo (m)	検査	kensa
controlo (m) da qualidade	品質管理	hinshitsu kanri
segurança (f) no trabalho	労働安全	rōdō anzen
disciplina (f)	規律	kiritsu
infração (f)	違反	ihan

violar (as regras)	違反する	ihan suru
greve (f)	ストライキ	sutoraiki
grevista (m)	ストライキをする人	sutoraiki wo suru hito
estar em greve	ストライキをする	sutoraiki wo suru
sindicato (m)	労働組合	rōdō kumiai
inventar (vt)	発明する	hatsumei suru
invenção (f)	発明	hatsumei
pesquisa (f)	研究	kenkyū
melhorar (vt)	改善する	kaizen suru
tecnologia (f)	技術	gijutsu
desenho (m) técnico	製図	seizu
carga (f)	積み荷	tsumini
carregador (m)	荷役作業員	niyakusa gyōin
carregar (vt)	積む	tsumu
carregamento (m)	荷役	niyaku
descarregar (vt)	下ろす	orosu
descarga (f)	荷下ろし［荷卸し］	ni oroshi
transporte (m)	輸送	yusō
companhia (f) de transporte	輸送会社	yusō gaisha
transportar (vt)	輸送する	yusō suru
vagão (m) de carga	貨車	kasha
cisterna (f)	タンク	tanku
camião (m)	トラック	torakku
máquina-ferramenta (f)	工作機械	kōsaku kikai
mecanismo (m)	機械	kikai
resíduos (m pl) industriais	産業廃棄物	sangyō haiki butsu
embalagem (f)	包装	hōsō
embalar (vt)	梱包する	konpō suru

73. Contrato. Acordo

contrato (m)	契約	keiyaku
acordo (m)	合意書	gōi sho
adenda (f), anexo (m)	補遺	hoi
assinar o contrato	契約書に署名する	keiyaku sho ni shomei suru
assinatura (f)	署名	shomei
assinar (vt)	署名する	shomei suru
carimbo (m)	捺印	natsuin
objeto (m) do contrato	契約の目的物	keiyaku no mokuteki butsu
cláusula (f)	条項	jōkō
partes (f pl)	当事者	tōjisha
morada (f) jurídica	法的住所	hōteki jūsho
violar o contrato	契約を破棄する	keiyaku wo haki suru
obrigação (f)	義務	gimu
responsabilidade (f)	責任	sekinin

força (f) maior　　　　　不可抗力　　　　　　fukakōryoku
litígio (m), disputa (f)　　係争　　　　　　　keisō
multas (f pl)　　　　　　違約金　　　　　　　iyaku kin

74. Importação & Exportação

importação (f)　　　　　輸入　　　　　　　　yunyū
importador (m)　　　　　輸入業者　　　　　　yunyū gyōsha
importar (vt)　　　　　　輸入する　　　　　　yunyū suru
de importação　　　　　輸入の　　　　　　　yunyū no

exportação (f)　　　　　輸出　　　　　　　　yushutsu
exportador (m)　　　　　輸出業者　　　　　　yushutsu gyōsha
exportar (vt)　　　　　　輸出する　　　　　　yushutsu suru
de exportação　　　　　輸出の　　　　　　　yushutsu no

mercadoria (f)　　　　　品物　　　　　　　　shinamono
lote (de mercadorias)　　委託　　　　　　　　itaku

peso (m)　　　　　　　重量　　　　　　　　jūryō
volume (m)　　　　　　体積　　　　　　　　taiseki
metro (m) cúbico　　　　立法メートル　　　　rippō mētoru

produtor (m)　　　　　　メーカー　　　　　　mēkā
companhia (f) de transporte　輸送会社　　　　yusō gaisha
contentor (m)　　　　　コンテナ　　　　　　kontena

fronteira (f)　　　　　　国境　　　　　　　　kokkyō
alfândega (f)　　　　　　税関　　　　　　　　zeikan
taxa (f) alfandegária　　　関税　　　　　　　　kanzei
funcionário (m) da alfândega　税関吏　　　　　zeikanri
contrabando (atividade)　密輸　　　　　　　　mitsuyu
contrabando (produtos)　密輸された商品　　　mitsuyu sare ta shōhin

75. Finanças

ação (f)　　　　　　　　株　　　　　　　　　kabu
obrigação (f)　　　　　　債券　　　　　　　　saiken
nota (f) promissória　　　為替手形　　　　　　kawase tegata

bolsa (f)　　　　　　　証券取引所　　　　　shōken torihiki sho
cotação (m) das ações　株価　　　　　　　　kabuka

tornar-se mais barato　　安くなる　　　　　　yasuku naru
tornar-se mais caro　　　高くなる　　　　　　takaku naru

parte (f)　　　　　　　株式保有　　　　　　kabushiki hoyū
participação (f) maioritária　企業支配権　　　kigyō shihai ken
investimento (m)　　　　投資　　　　　　　　tōshi
investir (vt)　　　　　　投資する　　　　　　tōshi suru
percentagem (f)　　　　百分率　　　　　　　hyakubunritsu
juros (m pl)　　　　　　利子　　　　　　　　rishi

lucro (m)	利益	rieki
lucrativo	利益のある	rieki no aru
imposto (m)	税	zei
divisa (f)	通貨	tsūka
nacional	国の	kuni no
câmbio (m)	両替	ryōgae
contabilista (m)	会計士	kaikeishi
contabilidade (f)	会計	kaikei
bancarrota (f)	破産	hasan
falência (f)	破綻	hatan
ruína (f)	破産	hasan
arruinar-se (vr)	破産する	hasan suru
inflação (f)	インフレ	infure
desvalorização (f)	平価切り下げ	heika kirisage
capital (m)	資本	shihon
rendimento (m)	収益	shūeki
volume (m) de negócios	売上高	uriage daka
recursos (m pl)	財源	zaigen
recursos (m pl) financeiros	貨幣資産	kahei shisan
despesas (f pl) gerais	諸経費	shokeihi
reduzir (vt)	削減する	sakugen suru

76. Marketing

marketing (m)	マーケティング	māketingu
mercado (m)	市場	shijō
segmento (m) do mercado	市場区分	shijō kubun
produto (m)	製品	seihin
mercadoria (f)	品物	shinamono
marca (f)	ブランド	burando
marca (f) comercial	商標	shōhyō
logotipo (m)	ロゴタイプ	rogo taipu
logo (m)	ロゴ	rogo
demanda (f)	需要	juyō
oferta (f)	供給	kyōkyū
necessidade (f)	必要	hitsuyō
consumidor (m)	消費者	shōhi sha
análise (f)	分析	bunseki
analisar (vt)	分析する	bunseki suru
posicionamento (m)	ポジショニング	pojishoningu
posicionar (vt)	ポジショニングする	pojishoningu suru
preço (m)	価格	kakaku
política (f) de preços	価格政策	kakaku seisaku
formação (f) de preços	価格形成	kakaku keisei

77. Publicidade

publicidade (f)	広告	kōkoku
publicitar (vt)	広告する	kōkoku suru
orçamento (m)	予算	yosan
anúncio (m) publicitário	広告	kōkoku
publicidade (f) televisiva	テレビ広告	terebi kōkoku
publicidade (f) na rádio	ラジオ広告	rajio kōkoku
publicidade (f) exterior	屋外広告	okugai kōkoku
comunicação (f) de massa	マスメディア	masumedia
periódico (m)	定期刊行物	teiki kankō butsu
imagem (f)	イメージ	imēji
slogan (m)	スローガン	surōgan
mote (m), divisa (f)	モットー	mottō
campanha (f)	キャンペーン	kyanpēn
companha (f) publicitária	広告キャンペーン	kōkoku kyanpēn
grupo (m) alvo	ターゲット・オーディエンス	tāgetto ōdiensu
cartão (m) de visita	名刺	meishi
flyer (m)	チラシ	chirashi
brochura (f)	パンフレット	panfuretto
folheto (m)	小冊子	shō sasshi
boletim (~ informativo)	ニュースレター	nyūsuretā
letreiro (m)	店看板	mise kanban
cartaz, póster (m)	ポスター	posutā
painel (m) publicitário	広告掲示板	kōkoku keijiban

78. Banca

banco (m)	銀行	ginkō
sucursal, balcão (f)	支店	shiten
consultor (m)	銀行員	ginkōin
gerente (m)	長	chō
conta (f)	口座	kōza
número (m) da conta	口座番号	kōza bangō
conta (f) corrente	当座預金口座	tōza yokin kōza
conta (f) poupança	貯蓄預金口座	chochiku yokin kōza
abrir uma conta	口座を開く	kōza wo hiraku
fechar uma conta	口座を解約する	kōza wo kaiyaku suru
depositar na conta	口座に預金する	kōza ni yokin suru
levantar (vt)	引き出す	hikidasu
depósito (m)	預金	yokin
fazer um depósito	預金する	yokin suru
transferência (f) bancária	送金	sōkin

transferir (vt)	送金する	sōkin suru
soma (f)	合計金額	gōkei kingaku
Quanto?	いくら？	ikura ?
assinatura (f)	署名	shomei
assinar (vt)	署名する	shomei suru
cartão (m) de crédito	クレジットカード	kurejitto kādo
código (m)	コード	kōdo
número (m) do cartão de crédito	クレジットカード番号	kurejitto kādo bangō
Caixa Multibanco (m)	ATM	ētīemu
cheque (m)	小切手	kogitte
passar um cheque	小切手を書く	kogitte wo kaku
livro (m) de cheques	小切手帳	kogitte chō
empréstimo (m)	融資	yūshi
pedir um empréstimo	融資を申し込む	yūshi wo mōshikomu
obter um empréstimo	融資を受ける	yūshi wo ukeru
conceder um empréstimo	融資を行う	yūshi wo okonau
garantia (f)	保障	hoshō

79. Telefone. Conversação telefónica

telefone (m)	電話	denwa
telemóvel (m)	携帯電話	keitai denwa
secretária (f) electrónica	留守番電話	rusuban denwa
fazer uma chamada	電話する	denwa suru
chamada (f)	電話	denwa
marcar um número	電話番号をダイアルする	denwa bangō wo daiaru suru
Alô!	もしもし	moshimoshi
perguntar (vt)	問う	tō
responder (vt)	出る	deru
ouvir (vt)	聞く	kiku
bem	良く	yoku
mal	良くない	yoku nai
ruído (m)	電波障害	denpa shōgai
auscultador (m)	受話器	juwaki
pegar o telefone	電話に出る	denwa ni deru
desligar (vi)	電話を切る	denwa wo kiru
ocupado	話し中	hanashi chū
tocar (vi)	鳴る	naru
lista (f) telefónica	電話帳	denwa chō
local	市内の	shinai no
chamada (f) local	市内電話	shinai denwa
de longa distância	市外の	shigai no
chamada (f) de longa distância	市外電話	shigai denwa

internacional	国際の	kokusai no
chamada (f) internacional	国際電話	kokusai denwa

80. Telefone móvel

telemóvel (m)	携帯電話	keitai denwa
ecrã (m)	ディスプレイ	disupurei
botão (m)	ボタン	botan
cartão SIM (m)	SIMカード	shimu kādo
bateria (f)	電池	denchi
descarregar-se	切れる	kireru
carregador (m)	充電器	jūden ki
menu (m)	メニュー	menyū
definições (f pl)	設定	settei
melodia (f)	メロディー	merodī
escolher (vt)	選択する	sentaku suru
calculadora (f)	電卓	dentaku
correio (m) de voz	ボイスメール	boisu mēru
despertador (m)	目覚まし	mezamashi
contatos (m pl)	連絡先	renraku saki
mensagem (f) de texto	テキストメッセージ	tekisuto messēji
assinante (m)	加入者	kanyū sha

81. Estacionário

caneta (f)	ボールペン	bōrupen
caneta (f) tinteiro	万年筆	mannenhitsu
lápis (m)	鉛筆	enpitsu
marcador (m)	蛍光ペン	keikō pen
caneta (f) de feltro	フェルトペン	feruto pen
bloco (m) de notas	メモ帳	memo chō
agenda (f)	手帳	techō
régua (f)	定規	jōgi
calculadora (f)	電卓	dentaku
borracha (f)	消しゴム	keshigomu
pionés (m)	画鋲	gabyō
clipe (m)	ゼムクリップ	zemu kurippu
cola (f)	糊	nori
agrafador (m)	ホッチキス	hocchikisu
furador (m)	パンチ	panchi
afia-lápis (m)	鉛筆削り	enpitsu kezuri

82. Tipos de negócios

serviços (m pl) de contabilidade	会計サービス	kaikei sābisu
publicidade (f)	広告	kōkoku
agência (f) de publicidade	広告代理店	kōkoku dairi ten
ar (m) condicionado	エアコン	eakon
companhia (f) aérea	航空会社	kōkū gaisha
bebidas (f pl) alcoólicas	アルコール飲料	arukōru inryō
comércio (m) de antiguidades	骨董品	kottō hin
galeria (f) de arte	画廊	garō
serviços (m pl) de auditoria	監査サービス	kansa sābisu
negócios (m pl) bancários	銀行業	ginkō gyō
bar (m)	バー	bā
salão (m) de beleza	美容院	biyō in
livraria (f)	本屋	honya
cervejaria (f)	ビール醸造所	bīru jōzō jo
centro (m) de escritórios	ビジネスセンター	bijinesu sentā
escola (f) de negócios	ビジネススクール	bijinesu sukūru
casino (m)	カジノ	kajino
construção (f)	建設業	kensetsu gyō
serviços (m pl) de consultoria	コンサルタント業	konsarutanto gyō
estomatologia (f)	歯科医院	shika īn
design (m)	デザイン	dezain
farmácia (f)	薬局	yakkyoku
lavandaria (f)	クリーニング屋	kurīningu ya
agência (f) de emprego	職業紹介所	shokugyō shōkai sho
serviços (m pl) financeiros	金融サービス	kinyū sābisu
alimentos (m pl)	食品	shokuhin
agência (f) funerária	葬儀社	sōgi sha
mobiliário (m)	家具	kagu
roupa (f)	衣服	ifuku
hotel (m)	ホテル	hoteru
gelado (m)	アイスクリーム	aisukurīmu
indústria (f)	産業	sangyō
seguro (m)	保険	hoken
internet (f)	インターネット	intānetto
investimento (m)	投資	tōshi
joalheiro (m)	宝石商	hōsekishō
joias (f pl)	宝石	hōseki
lavandaria (f)	洗濯屋	sentaku ya
serviços (m pl) jurídicos	法律事務所	hōritsu jimusho
indústria (f) ligeira	軽工業	keikōgyō
revista (f)	雑誌	zasshi
vendas (f pl) por catálogo	通信販売	tsūshin hanbai
medicina (f)	医療	iryō
cinema (m)	映画館	eiga kan

museu (m)	博物館	hakubutsukan
agência (f) de notícias	通信社	tsūshin sha
jornal (m)	新聞	shinbun
clube (m) noturno	ナイトクラブ	naito kurabu
petróleo (m)	油	abura
serviço (m) de encomendas	宅配便	takuhai bin
indústria (f) farmacêutica	製薬会社	seiyaku kaisha
poligrafia (f)	印刷業	insatsu gyō
editora (f)	出版社	shuppan sha
rádio (m)	ラジオ	rajio
imobiliário (m)	不動産	fudōsan
restaurante (m)	レストラン	resutoran
empresa (f) de segurança	警備会社	keibi gaisha
desporto (m)	スポーツ	supōtsu
bolsa (f)	証券取引所	shōken torihiki sho
loja (f)	店、…屋	mise, …ya
supermercado (m)	スーパーマーケット	sūpāmāketto
piscina (f)	プール	pūru
alfaiataria (f)	仕立て屋	shitateya
televisão (f)	テレビ	terebi
teatro (m)	劇場	gekijō
comércio (atividade)	取引	torihiki
serviços (m pl) de transporte	輸送	yusō
viagens (f pl)	旅行	ryokō
veterinário (m)	獣医	jūi
armazém (m)	倉庫	sōko
recolha (f) do lixo	ごみ収集	gomi shūshū

Emprego. Negócios. Parte 2

83. Espetáculo. Feira

feira (f)	博覧会	hakuran kai
feira (f) comercial	見本市	mihonichi
participação (f)	参加	sanka
participar (vi)	参加する	sanka suru
participante (m)	参加者	sanka sha
diretor (m)	責任者	sekinin sha
direção (f)	事務局	jimu kyoku
organizador (m)	主催者	shusai sha
organizar (vt)	主催する	shusai suru
ficha (f) de inscrição	申込書	mōshikomi sho
preencher (vt)	記入する	kinyū suru
detalhes (m pl)	詳細	shōsai
informação (f)	案内	annai
preço (m)	出展料	shutten ryō
incluindo	…込み、…を含む	… komi , … wo fukumu
incluir (vt)	含める	fukumeru
pagar (vt)	払う	harau
taxa (f) de inscrição	登録料	tōroku ryō
entrada (f)	入り口	iriguchi
pavilhão (m)	展示館	tenji kan
inscrever (vt)	登録する	tōroku suru
crachá (m)	名札	nafuda
stand (m)	小間、ブース	koma, būsu
reservar (vt)	予約する	yoyaku suru
vitrina (f)	ショーケース	shōkēsu
foco, spot (m)	スポットライト	supottoraito
design (m)	デザイン	dezain
pôr, colocar (vt)	置く	oku
ser colocado, -a	置かれる	okareru
distribuidor (m)	代理店	dairi ten
fornecedor (m)	供給者	kyōkyū sha
fornecer (vt)	供給する	kyōkyū suru
país (m)	国	kuni
estrangeiro	外国の	gaikoku no
produto (m)	製品	seihin
associação (f)	協会	kyōkai
sala (f) de conferências	会議場	kaigi jō

congresso (m)	会議	kaigi
concurso (m)	コンテスト	kontesuto

visitante (m)	来場者	raijō sha
visitar (vt)	見に行く	mi ni iku
cliente (m)	客	kyaku

84. Ciência. Investigação. Cientistas

ciência (f)	科学	kagaku
científico	科学の	kagaku no
cientista (m)	科学者	kagaku sha
teoria (f)	理論	riron

axioma (m)	公理	kōri
análise (f)	分析	bunseki
analisar (vt)	分析する	bunseki suru
argumento (m)	論拠	ronkyo
substância (f)	物質	busshitsu

hipótese (f)	仮説	kasetsu
dilema (m)	ジレンマ	jirenma
tese (f)	論文	ronbun
dogma (m)	定説	teisetsu

doutrina (f)	教義	kyōgi
pesquisa (f)	研究	kenkyū
pesquisar (vt)	研究する	kenkyū suru
teste (m)	検査すること	kensa suru koto
laboratório (m)	研究室	kenkyū shitsu

método (m)	方法	hōhō
molécula (f)	分子	bunshi
monitoramento (m)	モニタリング	monitaringu
descoberta (f)	発見	hakken

postulado (m)	仮定	katei
princípio (m)	原理	genri
prognóstico (previsão)	予想	yosō
prognosticar (vt)	予想する	yosō suru

síntese (f)	合成	gōsei
tendência (f)	傾向	keikō
teorema (m)	定理	teiri

ensinamentos (m pl)	教え	oshie
facto (m)	事実	jijitsu
expedição (f)	探検	tanken
experiência (f)	実験	jikken

académico (m)	アカデミー会員	akademī kaīn
bacharel (m)	学士	gakushi
doutor (m)	博士	hakase
docente (m)	准教授	jun kyōju

mestre (m)	修士	shūshi
professor (m) catedrático	教授	kyōju

Profissões e ocupações

85. Procura de emprego. Demissão

trabalho (m)	仕事	shigoto
equipa (f)	部員	buin
pessoal (m)	従業員	jyūgyōin
carreira (f)	職歴	shokureki
perspetivas (f pl)	見通し	mitōshi
mestria (f)	専門技術	senmon gijutsu
seleção (f)	選考	senkō
agência (f) de emprego	職業紹介所	shokugyō shōkai sho
CV, currículo (m)	履歴書	rireki sho
entrevista (f) de emprego	面接	mensetsu
vaga (f)	欠員	ketsuin
salário (m)	給料	kyūryō
salário (m) fixo	固定給	kotei kyū
pagamento (m)	給与	kyūyo
posto (m)	地位	chī
dever (do empregado)	職務	shokumu
gama (f) de deveres	職務範囲	shokumu hani
ocupado	忙しい	isogashī
despedir, demitir (vt)	解雇する	kaiko suru
demissão (f)	解雇	kaiko
desemprego (m)	失業	shitsugyō
desempregado (m)	失業者	shitsugyō sha
reforma (f)	退職	taishoku
reformar-se	退職する	taishoku suru

86. Gente de negócios

diretor (m)	責任者	sekinin sha
gerente (m)	管理者	kanri sha
patrão, chefe (m)	ボス	bosu
superior (m)	上司	jōshi
superiores (m pl)	上司	jōshi
presidente (m)	社長	shachō
presidente (m) de direção	会長	kaichō
substituto (m)	副部長	fuku buchō
assistente (m)	助手	joshu

secretário (m)	秘書	hisho
secretário (m) pessoal	個人秘書	kojin hisho
homem (m) de negócios	ビジネスマン	bijinesuman
empresário (m)	企業家	kigyō ka
fundador (m)	創立者	sōritsu sha
fundar (vt)	創立する	sōritsu suru
fundador, sócio (m)	共同出資者	kyōdō shusshi sha
parceiro, sócio (m)	パートナー	pātonā
acionista (m)	株主	kabunushi
milionário (m)	百万長者	hyakuman chōja
bilionário (m)	億万長者	okuman chōja
proprietário (m)	経営者	keieisha
proprietário (m) de terras	土地所有者	tochi shoyū sha
cliente (m)	クライアント	kuraianto
cliente (m) habitual	常連客	jōren kyaku
comprador (m)	買い手	kaite
visitante (m)	来客	raikyaku
profissional (m)	熟練者	jukuren sha
perito (m)	エキスパート	ekisupāto
especialista (m)	専門家	senmon ka
banqueiro (m)	銀行家	ginkō ka
corretor (m)	仲買人	nakagainin
caixa (m, f)	レジ係	reji gakari
contabilista (m)	会計士	kaikeishi
guarda (m)	警備員	keibi in
investidor (m)	投資者	tōshi sha
devedor (m)	債務者	saimu sha
credor (m)	債権者	saiken sha
mutuário (m)	借り主	karinushi
importador (m)	輸入業者	yunyū gyōsha
exportador (m)	輸出業者	yushutsu gyōsha
produtor (m)	メーカー	mēkā
distribuidor (m)	代理店	dairi ten
intermediário (m)	中間業者	chūkan gyōsha
consultor (m)	コンサルタント	konsarutanto
representante (m)	販売外交員	hanbai gaikōin
agente (m)	代理人	dairinin
agente (m) de seguros	保険代理人	hoken dairinin

87. Profissões de serviços

cozinheiro (m)	料理人	ryōri jin
cozinheiro chefe (m)	シェフ	shefu

padeiro (m)	パン職人	pan shokunin
barman (m)	バーテンダー	bātendā
empregado (m) de mesa	ウェイター	weitā
empregada (f) de mesa	ウェートレス	wētoresu
advogado (m)	弁護士	bengoshi
jurista (m)	法律顧問	hōritsu komon
notário (m)	公証人	kōshō nin
eletricista (m)	電気工事士	denki kōji shi
canalizador (m)	配管工	haikan kō
carpinteiro (m)	大工	daiku
massagista (m)	マッサージ師	massāji shi
massagista (f)	女性マッサージ師	josei massāji shi
médico (m)	医者	isha
taxista (m)	タクシーの運転手	takushī no unten shu
condutor (automobilista)	運転手	unten shu
entregador (m)	宅配業者	takuhai gyōsha
camareira (f)	客室係	kyakushitsu gakari
guarda (m)	警備員	keibi in
hospedeira (f) de bordo	客室乗務員	kyakushitsu jōmu in
professor (m)	教師	kyōshi
bibliotecário (m)	図書館員	toshokan in
tradutor (m)	翻訳者	honyaku sha
intérprete (m)	通訳者	tsūyaku sha
guia (pessoa)	ガイド	gaido
cabeleireiro (m)	美容師	biyō shi
carteiro (m)	郵便配達人	yūbin haitatsu jin
vendedor (m)	店員	tenin
jardineiro (m)	庭師	niwashi
criado (m)	使用人	shiyōnin
criada (f)	メイド	meido
empregada (f) de limpeza	掃除婦	sōjifu

88. Profissões militares e postos

soldado (m) raso	二等兵	nitōhei
sargento (m)	軍曹	gunsō
tenente (m)	中尉	chūi
capitão (m)	大尉	taī
major (m)	少佐	shōsa
coronel (m)	大佐	taisa
general (m)	将官	shōkan
marechal (m)	元帥	gensui
almirante (m)	提督	teitoku
militar (m)	軍人	gunjin
soldado (m)	兵士	heishi

oficial (m)	士官	shikan
comandante (m)	指揮官	shiki kan
guarda (m) fronteiriço	国境警備兵	kokkyō keibi hei
operador (m) de rádio	通信士	tsūshin shi
explorador (m)	斥候	sekkō
sapador (m)	工兵	kōhei
atirador (m)	射手	shashu
navegador (m)	航空士	kōkū shi

89. Oficiais. Padres

rei (m)	国王	kokuō
rainha (f)	女王	joō
príncipe (m)	王子	ōji
princesa (f)	王妃	ōhi
czar (m)	ツァーリ	tsāri
czarina (f)	女帝	nyotei
presidente (m)	大統領	daitōryō
ministro (m)	長官	chōkan
primeiro-ministro (m)	首相	shushō
senador (m)	上院議員	jōin gīn
diplomata (m)	外交官	gaikō kan
cônsul (m)	領事	ryōji
embaixador (m)	大使	taishi
conselheiro (m)	顧問	komon
funcionário (m)	公務員	kōmuin
prefeito (m)	知事	chiji
Presidente (m) da Câmara	市長	shichō
juiz (m)	裁判官	saibankan
procurador (m)	検察官	kensatsukan
missionário (m)	宣教師	senkyōshi
monge (m)	修道士	shūdō shi
abade (m)	修道院長	shūdōin chō
rabino (m)	ラビ	rabi
vizir (m)	ワズィール	wazīru
xá (m)	シャー	shā
xeque (m)	シャイフ	shaifu

90. Profissões agrícolas

apicultor (m)	養蜂家	yōhōka
pastor (m)	牛飼い	ushikai
agrónomo (m)	農学者	nōgaku sha

criador (m) de gado	牧畜業者	bokuchiku gyōsha
veterinário (m)	獣医	jūi
agricultor (m)	農業経営者	nōgyō keiei sha
vinicultor (m)	ワイン生産者	wain seisan sha
zoólogo (m)	動物学者	dōbutsu gakusha
cowboy (m)	カウボーイ	kaubōi

91. Profissões artísticas

ator (m)	俳優	haiyū
atriz (f)	女優	joyū
cantor (m)	歌手	kashu
cantora (f)	歌手	kashu
bailarino (m)	ダンサー	dansā
bailarina (f)	ダンサー	dansā
artista (m)	芸能人	geinōjin
artista (f)	芸能人	geinōjin
músico (m)	音楽家	ongakuka
pianista (m)	ピアニスト	pianisuto
guitarrista (m)	ギターリスト	gitā risuto
maestro (m)	指揮者	shiki sha
compositor (m)	作曲家	sakkyoku ka
empresário (m)	マネージャー	manējā
realizador (m)	映画監督	eiga kantoku
produtor (m)	プロデューサー	purodyūsā
argumentista (m)	台本作家	daihon sakka
crítico (m)	評論家	hyōron ka
escritor (m)	作家	sakka
poeta (m)	詩人	shijin
escultor (m)	彫刻家	chōkoku ka
pintor (m)	画家	gaka
malabarista (m)	手品師	tejina shi
palhaço (m)	道化師	dōkeshi
acrobata (m)	曲芸師	kyokugei shi
mágico (m)	手品師	tejina shi

92. Várias profissões

médico (m)	医者	isha
enfermeira (f)	看護師	kangoshi
psiquiatra (m)	精神科医	seishin kai
estomatologista (m)	歯科医	shikai
cirurgião (m)	外科医	gekai

astronauta (m)	宇宙飛行士	uchū hikō shi
astrónomo (m)	天文学者	tenmongaku sha
piloto (m)	パイロット	pairotto
motorista (m)	運転手	unten shu
maquinista (m)	機関士	kikan shi
mecânico (m)	修理士	shūri shi
mineiro (m)	鉱山労働者	kōzan rōdō sha
operário (m)	労働者	rōdō sha
serralheiro (m)	金工	kinkō
marceneiro (m)	家具大工	kagu daiku
torneiro (m)	旋盤工	senban kō
construtor (m)	建設作業員	kensetsu sagyō in
soldador (m)	溶接工	yōsetsu kō
professor (m) catedrático	教授	kyōju
arquiteto (m)	建築士	kenchiku shi
historiador (m)	歴史家	rekishi ka
cientista (m)	科学者	kagaku sha
físico (m)	物理学者	butsuri gakusha
químico (m)	化学者	kagaku sha
arqueólogo (m)	考古学者	kōkogakusha
geólogo (m)	地質学者	chishitsu gakusha
pesquisador (cientista)	研究者	kenkyū sha
babysitter (f)	ベビーシッター	bebīshittā
professor (m)	教育者	kyōiku sha
redator (m)	編集者	henshū sha
redator-chefe (m)	編集長	henshū chō
correspondente (m)	特派員	tokuhain
datilógrafa (f)	タイピスト	taipisuto
designer (m)	デザイナー	dezainā
especialista (m) em informática	コンピュータ専門家	konpyūta senmon ka
programador (m)	プログラマー	puroguramā
engenheiro (m)	技師	gishi
marujo (m)	水夫	suifu
marinheiro (m)	船員	senin
salvador (m)	救助員	kyūjo in
bombeiro (m)	消防士	shōbō shi
polícia (m)	警官	keikan
guarda-noturno (m)	警備員	keibi in
detetive (m)	探偵	tantei
funcionário (m) da alfândega	税関吏	zeikanri
guarda-costas (m)	ボディーガード	bodīgādo
guarda (m) prisional	刑務官	keimu kan
inspetor (m)	検査官	kensakan
desportista (m)	スポーツマン	supōtsuman
treinador (m)	トレーナー	torēnā

talhante (m)	肉屋	nikuya
sapateiro (m)	靴修理屋	kutsu shūri ya
comerciante (m)	商人	shōnin
carregador (m)	荷役作業員	niyakusa gyōin
estilista (m)	ファッションデザイナー	fasshon dezainā
modelo (f)	モデル	moderu

93. Ocupações. Estatuto social

aluno, escolar (m)	男子生徒	danshi seito
estudante (~ universitária)	学生	gakusei
filósofo (m)	哲学者	tetsu gakusha
economista (m)	経済学者	keizai gakusha
inventor (m)	発明者	hatsumei sha
desempregado (m)	失業者	shitsugyō sha
reformado (m)	退職者	taishoku sha
espião (m)	スパイ	supai
preso (m)	囚人	shūjin
grevista (m)	ストライキをする人	sutoraiki wo suru hito
burocrata (m)	官僚主義者	kanryō shugi sha
viajante (m)	旅行者	ryokō sha
homossexual (m)	同性愛者	dōseiai sha
hacker (m)	ハッカー	hakkā
hippie	ヒッピー	hippī
bandido (m)	山賊	sanzoku
assassino (m) a soldo	殺し屋	koroshi ya
toxicodependente (m)	麻薬中毒者	mayaku chūdoku sha
traficante (m)	麻薬の売人	mayaku no bainin
prostituta (f)	売春婦	baishun fu
chulo (m)	ポン引き	pon biki
bruxo (m)	魔法使い	mahōtsukai
bruxa (f)	女魔法使い	jo mahōtsukai
pirata (m)	海賊	kaizoku
escravo (m)	奴隷	dorei
samurai (m)	侍、武士	samurai, bushi
selvagem (m)	未開人	mikai jin

Educação

94. Escola

escola (f)	学校	gakkō
diretor (m) de escola	校長	kōchō
aluno (m)	生徒	seito
aluna (f)	女生徒	jo seito
escolar (m)	男子生徒	danshi seito
escolar (f)	女子生徒	joshi seito
ensinar (vt)	教える	oshieru
aprender (vt)	学ぶ	manabu
aprender de cor	暗記する	anki suru
estudar (vi)	勉強する	benkyō suru
andar na escola	学校に通う	gakkō ni kayō
ir à escola	学校へ行く	gakkō he iku
alfabeto (m)	アルファベット	arufabetto
disciplina (f)	科目	kamoku
sala (f) de aula	教室	kyōshitsu
lição (f)	レッスン	ressun
recreio (m)	休み時間	yasumi jikan
toque (m)	ベル	beru
carteira (f)	学校用机	gakkō yō tsukue
quadro (m) negro	黒板	kokuban
nota (f)	成績	seiseki
boa nota (f)	良い成績	yoi seiseki
nota (f) baixa	悪い成績	warui seiseki
dar uma nota	成績を付ける	seiseki wo tsukeru
erro (m)	間違い	machigai
fazer erros	間違える	machigaeru
corrigir (vt)	直す	naosu
cábula (f)	カンニングペーパー	kanningu pēpā
dever (m) de casa	宿題	shukudai
exercício (m)	練習	renshū
estar presente	出席する	shusseki suru
estar ausente	欠席する	kesseki suru
faltar às aulas	学校を休む	gakkō wo yasumu
punir (vt)	罰する	bassuru
punição (f)	罰	batsu
comportamento (m)	行動	kōdō

boletim (m) escolar	通信簿	tsūshin bo
lápis (m)	鉛筆	enpitsu
borracha (f)	消しゴム	keshigomu
giz (m)	チョーク	chōku
estojo (m)	筆箱	fudebako
pasta (f) escolar	通学カバン	tsūgaku kaban
caneta (f)	ペン	pen
caderno (m)	ノート	nōto
manual (m) escolar	教科書	kyōkasho
compasso (m)	コンパス	konpasu
traçar (vt)	製図する	seizu suru
desenho (m) técnico	製図	seizu
poesia (f)	詩	shi
de cor	暗記して	anki shi te
aprender de cor	暗記する	anki suru
férias (f pl)	休暇	kyūka
estar de férias	休暇中である	kyūka chū de aru
passar as férias	休暇を過ごす	kyūka wo sugosu
teste (m)	筆記試験	hikki shiken
composição, redação (f)	論文式試験	ronbun shiki shiken
ditado (m)	書き取り	kakitori
exame (m)	試験	shiken
fazer exame	試験を受ける	shiken wo ukeru
experiência (~ química)	実験	jikken

95. Colégio. Universidade

academia (f)	アカデミー	akademī
universidade (f)	大学	daigaku
faculdade (f)	学部	gakubu
estudante (m)	学生	gakusei
estudante (f)	学生	gakusei
professor (m)	講師	kōshi
sala (f) de palestras	講堂	kōdō
graduado (m)	卒業生	sotsugyōsei
diploma (m)	卒業証書	sotsugyō shōsho
tese (f)	論文	ronbun
estudo (obra)	研究書	kenkyū sho
laboratório (m)	研究室	kenkyū shitsu
palestra (f)	講義	kōgi
colega (m) de curso	同級生	dōkyūsei
bolsa (f) de estudos	奨学金	shōgaku kin
grau (m) académico	学位	gakui

96. Ciências. Disciplinas

matemática (f)	数学	sūgaku
álgebra (f)	代数学	daisūgaku
geometria (f)	幾何学	kikagaku
astronomia (f)	天文学	tenmon gaku
biologia (f)	生物学	seibutsu gaku
geografia (f)	地理学	chiri gaku
geologia (f)	地質学	chishitsu gaku
história (f)	歴史	rekishi
medicina (f)	医学	igaku
pedagogia (f)	教育学	kyōiku gaku
direito (m)	法学	hōgaku
física (f)	物理学	butsuri gaku
química (f)	化学	kagaku
filosofia (f)	哲学	tetsugaku
psicologia (f)	心理学	shinrigaku

97. Sistema de escrita. Ortografia

gramática (f)	文法	bunpō
vocabulário (m)	語彙	goi
fonética (f)	音声学	onseigaku
substantivo (m)	名詞	meishi
adjetivo (m)	形容詞	keiyōshi
verbo (m)	動詞	dōshi
advérbio (m)	副詞	fukushi
pronome (m)	代名詞	daimeishi
interjeição (f)	間投詞	kantōshi
preposição (f)	前置詞	zenchishi
raiz (f) da palavra	語根	gokon
terminação (f)	語尾	gobi
prefixo (m)	接頭辞	settō ji
sílaba (f)	音節	onsetsu
sufixo (m)	接尾辞	setsubi ji
acento (m)	キョウセイ [強勢]	kyōsei
apóstrofo (m)	アポストロフィー	aposutorofī
ponto (m)	句点	kuten
vírgula (f)	コンマ	konma
ponto e vírgula (m)	セミコロン	semikoron
dois pontos (m pl)	コロン	koron
reticências (f pl)	省略	shōrya ku
ponto (m) de interrogação	疑問符	gimon fu
ponto (m) de exclamação	感嘆符	kantan fu

aspas (f pl)	引用符	inyō fu
entre aspas	引用符内	inyō fu nai
parênteses (m pl)	ガッコ（括弧）	gakko
entre parênteses	ガッコ内（括弧内）	kakko nai
hífen (m)	ハイフン	haifun
travessão (m)	ダッシュ	dasshu
espaço (m)	スペース	supēsu
letra (f)	文字	moji
letra (f) maiúscula	大文字	daimonji
vogal (f)	母音	boin
consoante (f)	子音	shīn
frase (f)	文	bun
sujeito (m)	主語	shugo
predicado (m)	述語	jutsugo
linha (f)	行	gyō
em uma nova linha	新しい行で	atarashī gyō de
parágrafo (m)	段落	danraku
palavra (f)	単語	tango
grupo (m) de palavras	語群	gogun
expressão (f)	表現	hyōgen
sinónimo (m)	同義語	dōgigo
antónimo (m)	対義語	taigigo
regra (f)	規則	kisoku
exceção (f)	例外	reigai
correto	正しい	tadashī
conjugação (f)	活用	katsuyō
declinação (f)	語形変化	gokei henka
caso (m)	名詞格	meishi kaku
pergunta (f)	疑問文	gimon bun
sublinhar (vt)	下線を引く	kasen wo hiku
linha (f) pontilhada	点線	tensen

98. Línguas estrangeiras

língua (f)	言語	gengo
estrangeiro	外国の	gaikoku no
língua (f) estrangeira	外国語	gaikoku go
estudar (vt)	勉強する	benkyō suru
aprender (vt)	学ぶ	manabu
ler (vt)	読む	yomu
falar (vi)	話す	hanasu
compreender (vt)	理解する	rikai suru
escrever (vt)	書く	kaku
rapidamente	速く	hayaku
devagar	ゆっくり	yukkuri

fluentemente	流ちょうに	ryūchō ni
regras (f pl)	規則	kisoku
gramática (f)	文法	bunpō
vocabulário (m)	語彙	goi
fonética (f)	音声学	onseigaku
manual (m) escolar	教科書	kyōkasho
dicionário (m)	辞書	jisho
manual (m) de autoaprendizagem	独習書	dokushū sho
guia (m) de conversação	慣用表現集	kanyō hyōgen shū
cassete (f)	カセットテープ	kasettotēpu
vídeo cassete (m)	ビデオテープ	bideotēpu
CD (m)	ＣＤ（シーディー）	shīdī
DVD (m)	ＤＶＤ［ディーブイディー］	dībuidī
alfabeto (m)	アルファベット	arufabetto
soletrar (vt)	スペリングを言う	superingu wo iu
pronúncia (f)	発音	hatsuon
sotaque (m)	なまり［訛り］	namari
com sotaque	訛りのある	namari no aru
sem sotaque	訛りのない	namari no nai
palavra (f)	単語	tango
sentido (m)	意味	imi
cursos (m pl)	講座	kōza
inscrever-se (vr)	申し込む	mōshikomu
professor (m)	先生	sensei
tradução (processo)	翻訳	honyaku
tradução (texto)	訳文	yakubun
tradutor (m)	翻訳者	honyaku sha
intérprete (m)	通訳者	tsūyaku sha
poliglota (m)	ポリグロット	porigurotto
memória (f)	記憶	kioku

Descanso. Entretenimento. Viagens

99. Viagens

turismo (m)	観光	kankō
turista (m)	観光客	kankō kyaku
viagem (f)	旅行	ryokō
aventura (f)	冒険	bōken
viagem (f)	旅	tabi
férias (f pl)	休暇	kyūka
estar de férias	休暇中です	kyūka chū desu
descanso (m)	休み	yasumi
comboio (m)	列車	ressha
de comboio (chegar ~)	列車で	ressha de
avião (m)	航空機	kōkūki
de avião	飛行機で	hikōki de
de carro	車で	kuruma de
de navio	船で	fune de
bagagem (f)	荷物	nimotsu
mala (f)	スーツケース	sūtsukēsu
carrinho (m)	荷物カート	nimotsu kāto
passaporte (m)	パスポート	pasupōto
visto (m)	ビザ	biza
bilhete (m)	乗車券	jōsha ken
bilhete (m) de avião	航空券	kōkū ken
guia (m) de viagem	ガイドブック	gaido bukku
mapa (m)	地図	chizu
local (m), area (f)	地域	chīki
lugar, sítio (m)	場所	basho
exotismo (m)	エキゾチック	ekizochikku
exótico	エキゾチックな	ekizochikku na
surpreendente	驚くべき	odoroku beki
grupo (m)	団	dan
excursão (f)	小旅行	shō ryokō
guia (m)	ツアーガイド	tuā gaido

100. Hotel

hotel (m)	ホテル	hoteru
motel (m)	モーテル	mō teru
três estrelas	三つ星	mitsu boshi

cinco estrelas	五つ星	itsutsu boshi
ficar (~ num hotel)	泊まる	tomaru
quarto (m)	部屋、ルーム	heya, rūmu
quarto (m) individual	シングルルーム	shinguru rūmu
quarto (m) duplo	ダブルルーム	daburu rūmu
reservar um quarto	部屋を予約する	heya wo yoyaku suru
meia pensão (f)	ハーフボード	hāfu bōdo
pensão (f) completa	フルボード	furu bōdo
com banheira	浴槽付きの	yokusō tsuki no
com duche	シャワー付きの	shawā tsuki no
televisão (m) satélite	衛星テレビ	eisei terebi
ar (m) condicionado	エアコン	eakon
toalha (f)	タオル	taoru
chave (f)	鍵	kagi
administrador (m)	管理人	kanri jin
camareira (f)	客室係	kyakushitsu gakari
bagageiro (m)	ベルボーイ	beru bōi
porteiro (m)	ドアマン	doa man
restaurante (m)	レストラン	resutoran
bar (m)	パブ、バー	pabu, bā
pequeno-almoço (m)	朝食	chōshoku
jantar (m)	夕食	yūshoku
buffet (m)	ビュッフェ	byuffe
hall (m) de entrada	ロビー	robī
elevador (m)	エレベーター	erebētā
NÃO PERTURBE	起こさないで下さい	okosa nai de kudasai
PROIBIDO FUMAR!	禁煙	kinen

EQUIPAMENTO TÉCNICO. TRANSPORTES

Equipamento técnico. Transportes

101. Computador

computador (m)	コンピューター	konpyūtā
portátil (m)	ノートパソコン	nōto pasokon
ligar (vt)	入れる	ireru
desligar (vt)	消す	kesu
teclado (m)	キーボード	kībōdo
tecla (f)	キー	kī
rato (m)	マウス	mausu
tapete (m) de rato	マウスパッド	mausu paddo
botão (m)	ボタン	botan
cursor (m)	カーソル	kāsoru
monitor (m)	モニター	monitā
ecrã (m)	スクリーン	sukurīn
disco (m) rígido	ハードディスク	hādo disuku
capacidade (f) do disco rígido	ハードディスクの容量	hādo disuku no yōryō
memória (f)	メモリ	memori
memória RAM (f)	ランダム・アクセス・メモリ	randamu akusesu memori
ficheiro (m)	ファイル	fairu
pasta (f)	フォルダ	foruda
abrir (vt)	開く	hiraku
fechar (vt)	閉じる	tojiru
guardar (vt)	保存する	hozon suru
apagar, eliminar (vt)	削除する	sakujo suru
copiar (vt)	コピーする	kopī suru
ordenar (vt)	ソートする	sōto suru
copiar (vt)	転送する	tensō suru
programa (m)	プログラム	puroguramu
software (m)	ソフトウェア	sofutowea
programador (m)	プログラマ	purogurama
programar (vt)	プログラムを作る	puroguramu wo tsukuru
hacker (m)	ハッカー	hakkā
senha (f)	パスワード	pasuwādo
vírus (m)	ウイルス	uirusu
detetar (vt)	検出する	kenshutsu suru
byte (m)	バイト	baito

megabyte (m)	メガバイト	megabaito
dados (m pl)	データ	dēta
base (f) de dados	データベース	dētabēsu
cabo (m)	ケーブル	kēburu
desconectar (vt)	接続を切る	setsuzoku wo kiru
conetar (vt)	接続する	setsuzoku suru

102. Internet. E-mail

internet (f)	インターネット	intānetto
browser (m)	ブラウザー	burauzā
motor (m) de busca	検索エンジン	kensaku enjin
provedor (m)	プロバイダー	purobaidā
webmaster (m)	ウェブマスター	webumasutā
website, sítio web (m)	ウェブサイト	webusaito
página (f) web	ウェブページ	webupēji
endereço (m)	アドレス	adoresu
livro (m) de endereços	住所録	jūsho roku
caixa (f) de correio	メールボックス	mēru bokkusu
correio (m)	メール	mēru
cheia (caixa de correio)	いっぱい（一杯）	ippai
mensagem (f)	メッセージ	messēji
mensagens (f pl) recebidas	受信メッセージ	jushin messēji
mensagens (f pl) enviadas	送信メッセージ	sōshin messēji
remetente (m)	送信者	sōshin sha
enviar (vt)	送信する	sōshin suru
envio (m)	送信	sōshin
destinatário (m)	受信者	jushin sha
receber (vt)	受信する	jushin suru
correspondência (f)	やり取り	yaritori
corresponder-se (vr)	連絡する	renraku suru
ficheiro (m)	ファイル	fairu
fazer download, baixar	ダウンロードする	daunrōdo suru
criar (vt)	作成する	sakusei suru
apagar, eliminar (vt)	削除する	sakujo suru
eliminado	削除された	sakujo sare ta
conexão (f)	接続	setsuzoku
velocidade (f)	速度	sokudo
modem (m)	モデム	modemu
acesso (m)	アクセス	akusesu
porta (f)	ポート	pōto
conexão (f)	接続	setsuzoku
conetar (vi)	…に接続する	… ni setsuzoku suru
escolher (vt)	選択する	sentaku suru
buscar (vt)	検索する	kensaku suru

103. Eletricidade

eletricidade (f)	電気	denki
elétrico	電気の	denki no
central (f) elétrica	発電所	hatsuden sho
energia (f)	エネルギー	enerugī
energia (f) elétrica	電力	denryoku
lâmpada (f)	電球	denkyū
lanterna (f)	懐中電灯	kaichū dentō
poste (m) de iluminação	街灯	gaitō
luz (f)	電灯	dentō
ligar (vt)	つける	tsukeru
desligar (vt)	消す	kesu
apagar a luz	電気を消す	denki wo kesu
fundir (vi)	切れる	kireru
curto-circuito (m)	短絡	tanraku
rutura (f)	断線	dansen
contacto (m)	接触	sesshoku
interruptor (m)	スイッチ	suicchi
tomada (f)	コンセント	konsento
ficha (f)	プラグ	puragu
extensão (f)	延長コード	enchō kōdo
fusível (m)	ヒューズ	hyūzu
fio, cabo (m)	電線、ケーブル	densen, kēburu
instalação (f) elétrica	電気配線	denki haisen
ampere (m)	アンペア	anpea
amperagem (f)	アンペア数	anpea sū
volt (m)	ボルト	boruto
voltagem (f)	電圧	denatsu
aparelho (m) elétrico	電気製品	denki seihin
indicador (m)	表示器	hyōji ki
eletricista (m)	電気工事士	denki kōji shi
soldar (vt)	はんだ付けする	handa tsuke suru
ferro (m) de soldar	半田ごて [はんだごて]	handa gote
corrente (f) elétrica	電流	denryū

104. Ferramentas

ferramenta (f)	道具	dōgu
ferramentas (f pl)	工具	kōgu
equipamento (m)	機器	kiki
martelo (m)	金槌 [金づち]	kanazuchi
chave (f) de fendas	ドライバー	doraibā
machado (m)	斧 [おの]	ono

serra (f)	のこぎり	nokogiri
serrar (vt)	のこぎりで切る	nokogiri de kiru
plaina (f)	かんな	kanna
aplainar (vt)	かんなをかける	kanna wo kakeru
ferro (m) de soldar	半田ごて［はんだごて］	handa gote
soldar (vt)	はんだ付けする	handa tsuke suru
lima (f)	やすり	ya suri
tenaz (f)	カーペンタープライヤー	kāpentā puraiyā
alicate (m)	ペンチ	penchi
formão (m)	のみ	nomi
broca (f)	ドリルビット	doriru bitto
berbequim (f)	電気ドリル	denki doriru
furar (vt)	穴を開ける	ana wo akeru
faca (f)	ナイフ	naifu
lâmina (f)	刃	ha
afiado	鋭い	surudoi
cego	鈍い	nibui
embotar-se (vr)	鈍る	niburu
afiar, amolar (vt)	研ぐ	togu
parafuso (m)	ボルト	boruto
porca (f)	ナット	natto
rosca (f)	ねじ山	nejiyama
parafuso (m) para madeira	木ねじ	mokuneji
prego (m)	釘［くぎ］	kugi
cabeça (f) do prego	釘頭	kugi atama
régua (f)	定規	jōgi
fita (f) métrica	巻き尺	makijaku
nível (m)	水準器	suijun ki
lupa (f)	ルーペ	rūpe
medidor (m)	測定道具	sokutei dōgu
medir (vt)	測る	hakaru
escala (f)	目盛り	memori
indicação (f), registo (m)	検針値	kenshin chi
compressor (m)	コンプレッサー	konpuressā
microscópio (m)	顕微鏡	kenbikyō
bomba (f)	ポンプ	ponpu
robô (m)	ロボット	robotto
laser (m)	レーザー	rēzā
chave (f) de boca	スパナ	supana
fita (f) adesiva	粘着テープ	nenchaku tēpu
cola (f)	糊	nori
lixa (f)	紙やすり	kami ya suri
mola (f)	スプリング	supuringu
íman (m)	磁石	jishaku

luvas (f pl)	手袋	tebukuro
corda (f)	ロープ	rōpu
cordel (m)	紐	himo
fio (m)	電線	densen
cabo (m)	ケーブル	kēburu
marreta (f)	大ハンマー	dai hanmā
pé de cabra (m)	バール	bāru
escada (f) de mão	梯子［はしご］	hashigo
escadote (m)	脚立	kyatatsu
enroscar (vt)	締める	shimeru
desenroscar (vt)	緩める	yurumeru
apertar (vt)	堅く締める	kataku shimeru
colar (vt)	接着する	secchaku suru
cortar (vt)	切る	kiru
falha (mau funcionamento)	故障	koshō
conserto (m)	修理	shūri
consertar, reparar (vt)	修理する	shūri suru
regular, ajustar (vt)	調整する	chōsei suru
verificar (vt)	検査する	kensa suru
verificação (f)	検査	kensa
indicação (f), registo (m)	検針値	kenshin chi
seguro	信頼性の	shinrai sei no
complicado	複雑な	fukuzatsu na
enferrujar (vi)	さびる［錆びる］	sabiru
enferrujado	さびた［錆びた］	sabi ta
ferrugem (f)	さび［錆］	sabi

Transportes

105. Avião

avião (m)	航空機	kōkūki
bilhete (m) de avião	航空券	kōkū ken
companhia (f) aérea	航空会社	kōkū gaisha
aeroporto (m)	空港	kūkō
supersónico	超音速の	chō onsoku no
comandante (m) do avião	機長	kichō
tripulação (f)	乗務員	jōmu in
piloto (m)	パイロット	pairotto
hospedeira (f) de bordo	客室乗務員	kyakushitsu jōmu in
copiloto (m)	航空士	kōkū shi
asas (f pl)	翼	tsubasa
cauda (f)	尾部	o bu
cabine (f) de pilotagem	コックピット	kokkupitto
motor (m)	エンジン	enjin
trem (m) de aterragem	着陸装置	chakuriku sōchi
turbina (f)	タービン	tābin
hélice (f)	プロペラ	puropera
caixa-preta (f)	ブラックボックス	burakku bokkusu
coluna (f) de controlo	操縦ハンドル	sōjū handoru
combustível (m)	燃料	nenryō
instruções (f pl) de segurança	安全のしおり	anzen no shiori
máscara (f) de oxigénio	酸素マスク	sanso masuku
uniforme (m)	制服	seifuku
colete (m) salva-vidas	ライフジャケット	raifu jaketto
paraquedas (m)	落下傘	rakkasan
descolagem (f)	離陸	ririku
descolar (vi)	離陸する	ririku suru
pista (f) de descolagem	滑走路	kassō ro
visibilidade (f)	視程	shitei
voo (m)	飛行	hikō
altura (f)	高度	kōdo
poço (m) de ar	エアポケット	eapoketto
assento (m)	席	seki
auscultadores (m pl)	ヘッドホン	heddohon
mesa (f) rebatível	折りたたみ式のテーブル	oritatami shiki no tēburu
vigia (f)	機窓	kisō
passagem (f)	通路	tsūro

106. Comboio

comboio (m)	列車	ressha
comboio (m) suburbano	通勤列車	tsūkin ressha
comboio (m) rápido	高速鉄道	kōsoku tetsudō
locomotiva (f) diesel	ディーゼル機関車	dīzeru kikan sha
locomotiva (f) a vapor	蒸気機関車	jōki kikan sha
carruagem (f)	客車	kyakusha
carruagem restaurante (f)	食堂車	shokudō sha
carris (m pl)	レール	rēru
caminho de ferro (m)	鉄道	tetsudō
travessa (f)	枕木	makuragi
plataforma (f)	ホーム	hōmu
linha (f)	線路	senro
semáforo (m)	鉄道信号機	tetsudō shingō ki
estação (f)	駅	eki
maquinista (m)	機関士	kikan shi
bagageiro (m)	ポーター	pōtā
hospedeiro, -a (da carruagem)	車掌	shashō
passageiro (m)	乗客	jōkyaku
revisor (m)	検札係	kensatsu gakari
corredor (m)	通路	tsūro
freio (m) de emergência	非常ブレーキ	hijō burēki
compartimento (m)	コンパートメント	konpātomento
cama (f)	寝台	shindai
cama (f) de cima	上段寝台	jōdan shindai
cama (f) de baixo	下段寝台	gedan shindai
roupa (f) de cama	リネン	rinen
bilhete (m)	乗車券	jōsha ken
horário (m)	時刻表	jikoku hyō
painel (m) de informação	発車標	hassha shirube
partir (vt)	発車する	hassha suru
partida (f)	発車	hassha
chegar (vi)	到着する	tōchaku suru
chegada (f)	到着	tōchaku
chegar de comboio	電車で来る	densha de kuru
apanhar o comboio	電車に乗る	densha ni noru
sair do comboio	電車をおりる	densha wo oriru
acidente (m) ferroviário	鉄道事故	tetsudō jiko
descarrilar (vi)	脱線する	dassen suru
locomotiva (f) a vapor	蒸気機関車	jōki kikan sha
fogueiro (m)	火夫	kafu
fornalha (f)	火室	kashitsu
carvão (m)	石炭	sekitan

107. Barco

navio (m)	船舶	senpaku
embarcação (f)	大型船	ōgata sen
vapor (m)	蒸気船	jōki sen
navio (m)	川船	kawabune
transatlântico (m)	遠洋定期船	enyō teiki sen
cruzador (m)	クルーザー	kurūzā
iate (m)	ヨット	yotto
rebocador (m)	曳船	eisen
barcaça (f)	艀、バージ	hashike, bāji
ferry (m)	フェリー	ferī
veleiro (m)	帆船	hansen
bergantim (m)	ブリガンティン	burigantin
quebra-gelo (m)	砕氷船	saihyō sen
submarino (m)	潜水艦	sensui kan
bote, barco (m)	ボート	bōto
bote, dingue (m)	ディンギー	dingī
bote (m) salva-vidas	救命艇	kyūmei tei
lancha (f)	モーターボート	mōtābōto
capitão (m)	船長	senchō
marinheiro (m)	船員	senin
marujo (m)	水夫	suifu
tripulação (f)	乗組員	norikumi in
contramestre (m)	ボースン	bōsun
grumete (m)	キャビンボーイ	kyabin bōi
cozinheiro (m) de bordo	船のコック	fune no kokku
médico (m) de bordo	船医	seni
convés (m)	甲板	kanpan
mastro (m)	マスト	masuto
vela (f)	帆	ho
porão (m)	船倉	funagura
proa (f)	船首	senshu
popa (f)	船尾	senbi
remo (m)	櫂	kai
hélice (f)	プロペラ	puropera
camarote (m)	船室	senshitsu
sala (f) dos oficiais	士官室	shikan shitsu
sala (f) das máquinas	機関室	kikan shitsu
ponte (m) de comando	船橋	funabashi
sala (f) de comunicações	無線室	musen shitsu
onda (f) de rádio	電波	denpa
diário (m) de bordo	航海日誌	kōkai nisshi
luneta (f)	単眼望遠鏡	tangan bōenkyō
sino (m)	船鐘	funekane

bandeira (f)	旗	hata
cabo (m)	ロープ	rōpu
nó (m)	結び目	musubime
corrimão (m)	手摺	tesuri
prancha (f) de embarque	舷門	genmon
âncora (f)	錨［いかり］	ikari
recolher a âncora	錨をあげる	ikari wo ageru
lançar a âncora	錨を下ろす	ikari wo orosu
amarra (f)	錨鎖	byōsa
porto (m)	港	minato
cais, amarradouro (m)	埠頭	futō
atracar (vi)	係留する	keiryū suru
desatracar (vi)	出航する	shukkō suru
viagem (f)	旅行	ryokō
cruzeiro (m)	クルーズ	kurūzu
rumo (m), rota (f)	針路	shinro
itinerário (m)	船のルート	fune no rūto
canal (m) navegável	航路	kōro
banco (m) de areia	浅瀬	asase
encalhar (vt)	浅瀬に乗り上げる	asase ni noriageru
tempestade (f)	嵐	arashi
sinal (m)	信号	shingō
afundar-se (vr)	沈没する	chinbotsu suru
Homem ao mar!	落水したぞ！	ochimizu shi ta zo!
SOS	ＳＯＳ	esuōesu
boia (f) salva-vidas	救命浮輪	kyūmei ukiwa

108. Aeroporto

aeroporto (m)	空港	kūkō
avião (m)	航空機	kōkūki
companhia (f) aérea	航空会社	kōkū gaisha
controlador (m) de tráfego aéreo	航空管制官	kōkū kansei kan
partida (f)	出発	shuppatsu
chegada (f)	到着	tōchaku
chegar (~ de avião)	到着する	tōchaku suru
hora (f) de partida	出発時刻	shuppatsu jikoku
hora (f) de chegada	到着時刻	tōchaku jikoku
estar atrasado	遅れる	okureru
atraso (m) de voo	フライトの遅延	furaito no chien
painel (m) de informação	フライト情報	furaito jōhō
informação (f)	案内	annai
anunciar (vt)	アナウンスする	anaunsu suru

voo (m)	フライト	furaito
alfândega (f)	税関	zeikan
funcionário (m) da alfândega	税関吏	zeikanri
declaração (f) alfandegária	税関申告	zeikan shinkoku
preencher (vt)	記入する	kinyū suru
preencher a declaração	申告書を記入する	shinkoku sho wo kinyū suru
controlo (m) de passaportes	入国審査	nyūkoku shinsa
bagagem (f)	荷物	nimotsu
bagagem (f) de mão	持ち込み荷物	mochikomi nimotsu
carrinho (m)	荷物カート	nimotsu kāto
aterragem (f)	着陸	chakuriku
pista (f) de aterragem	滑走路	kassō ro
aterrar (vi)	着陸する	chakuriku suru
escada (f) de avião	タラップ	tarappu
check-in (m)	チェックイン	chekkuin
balcão (m) do check-in	チェックインカウンター	chekkuin kauntā
fazer o check-in	チェックインする	chekkuin suru
cartão (m) de embarque	搭乗券	tōjō ken
porta (f) de embarque	出発ゲート	shuppatsu gēto
trânsito (m)	乗り継ぎ	noritsugi
esperar (vi, vt)	待つ	matsu
sala (f) de espera	出発ロビー	shuppatsu robī
despedir-se de …	見送る	miokuru
despedir-se (vr)	別れを告げる	wakare wo tsugeru

Eventos

109. Férias. Evento

festa (f)	祝日	shukujitsu
festa (f) nacional	国民の祝日	kokumin no shukujitsu
feriado (m)	公休	kōkyū
festejar (vt)	記念する	kinen suru
evento (festa, etc.)	出来事	dekigoto
evento (banquete, etc.)	イベント	ibento
banquete (m)	宴会	enkai
receção (f)	レセプション	resepushon
festim (m)	ご馳走 [ごちそう]	gochisō
aniversário (m)	記念日	kinen bi
jubileu (m)	ジュビリー	jubirī
celebrar (vt)	祝う	iwau
Ano (m) Novo	元日	ganjitsu
Feliz Ano Novo!	明けましておめでとうございます	akemashite omedetō gozaimasu
Pai (m) Natal	サンタクロース	santa kurōsu
Natal (m)	クリスマス	kurisumasu
Feliz Natal!	メリークリスマス！	merī kurisumasu!
árvore (f) de Natal	クリスマスツリー	kurisumasutsurī
fogo (m) de artifício	花火	hanabi
boda (f)	結婚式	kekkonshiki
noivo (m)	花婿	hanamuko
noiva (f)	花嫁	hanayome
convidar (vt)	招待する	shōtai suru
convite (m)	招待状	shōtai jō
convidado (m)	客	kyaku
visitar (vt)	訪ねる	tazuneru
receber os hóspedes	来客を迎える	raikyaku wo mukaeru
presente (m)	贈り物、プレゼント	okurimono, purezento
oferecer (vt)	おくる（贈る）	okuru
receber presentes	プレゼントをもらう	purezento wo morau
ramo (m) de flores	花束	hanataba
felicitações (f pl)	祝辞	shukuji
felicitar (dar os parabéns)	祝う	iwau
cartão (m) de parabéns	グリーティングカード	gurītingu kādo
enviar um postal	はがきを送る	hagaki wo okuru

receber um postal	はがきを受け取る	hagaki wo uketoru
brinde (m)	祝杯	shukuhai
oferecer (vt)	…に一杯おごる	… ni ippai ogoru
champanhe (m)	シャンパン	shanpan
divertir-se (vr)	楽しむ	tanoshimu
diversão (f)	歓楽	kanraku
alegria (f)	喜び	yorokobi
dança (f)	ダンス	dansu
dançar (vi)	踊る	odoru
valsa (f)	ワルツ	warutsu
tango (m)	タンゴ	tango

110. Funerais. Enterro

cemitério (m)	墓地	bochi
sepultura (f), túmulo (m)	墓	haka
cruz (f)	十字架	jūjika
lápide (f)	墓石	boseki
cerca (f)	柵	saku
capela (f)	チャペル	chaperu
morte (f)	死	shi
morrer (vi)	死ぬ	shinu
defunto (m)	死者	shisha
luto (m)	喪	mo
enterrar, sepultar (vt)	葬る	hōmuru
agência (f) funerária	葬儀社	sōgi sha
funeral (m)	葬儀	sōgi
coroa (f) de flores	葬式の花輪	sōshiki no hanawa
caixão (m)	棺	hitsugi
carro (m) funerário	霊柩車	reikyūsha
mortalha (f)	埋葬布	maisō nuno
procissão (f) funerária	葬列	sōretsu
urna (f) funerária	骨壺	kotsutsubo
crematório (m)	火葬場	kasō jō
obituário (m), necrologia (f)	死亡記事	shibō kiji
chorar (vi)	泣く	naku
soluçar (vi)	むせび泣く	musebinaku

111. Guerra. Soldados

pelotão (m)	小隊	shōtai
companhia (f)	中隊	chūtai
regimento (m)	連隊	rentai
exército (m)	陸軍	rikugun

divisão (f)	師団	shidan
destacamento (m)	分隊	buntai
hoste (f)	軍隊	guntai
soldado (m)	兵士	heishi
oficial (m)	士官	shikan
soldado (m) raso	二等兵	nitōhei
sargento (m)	軍曹	gunsō
tenente (m)	中尉	chūi
capitão (m)	大尉	taī
major (m)	少佐	shōsa
coronel (m)	大佐	taisa
general (m)	将官	shōkan
marujo (m)	水兵	suihei
capitão (m)	艦長	kanchō
contramestre (m)	ボースン	bōsun
artilheiro (m)	砲兵	hōhei
soldado (m) paraquedista	落下傘兵	rakkasan hei
piloto (m)	パイロット	pairotto
navegador (m)	航空士	kōkū shi
mecânico (m)	整備士	seibi shi
sapador (m)	地雷工兵	jirai kōhei
paraquedista (m)	落下傘兵	rakkasan hei
explorador (m)	偵察斥候	teisatsu sekkō
franco-atirador (m)	狙撃兵	sogeki hei
patrulha (f)	パトロール	patorōru
patrulhar (vt)	パトロールする	patorōru suru
sentinela (f)	番兵	banpei
guerreiro (m)	戦士	senshi
patriota (m)	愛国者	aikoku sha
herói (m)	英雄	eiyū
heroína (f)	英雄	eiyū
traidor (m)	裏切り者	uragirimono
trair (vt)	裏切る	uragiru
desertor (m)	脱走兵	dassō hei
desertar (vt)	脱走する	dassō suru
mercenário (m)	傭兵	yōhei
recruta (m)	新兵	shinpei
voluntário (m)	志願兵	shigan hei
morto (m)	死者	shisha
ferido (m)	負傷者	fushō sha
prisioneiro (m) de guerra	捕虜	horyo

112. Guerra. Ações militares. Parte 1

guerra (f)	戦争	sensō
guerrear (vt)	戦争中である	sensō chū de aru

guerra (f) civil	内戦	naisen
perfidamente	裏切って	uragitte
declaração (f) de guerra	宣戦布告	sensen fukoku
declarar (vt) guerra	布告する	fukoku suru
agressão (f)	武力侵略	buryoku shinrya ku
atacar (vt)	攻撃する	kōgeki suru
invadir (vt)	侵略する	shinrya ku suru
invasor (m)	侵略軍	shinrya ku gun
conquistador (m)	征服者	seifuku sha
defesa (f)	防衛	bōei
defender (vt)	防衛する	bōei suru
defender-se (vr)	身を守る	mi wo mamoru
inimigo (m)	敵	teki
adversário (m)	かたき	kataki
inimigo	敵の	teki no
estratégia (f)	戦略	senryaku
tática (f)	戦術	senjutsu
ordem (f)	命令	meirei
comando (m)	命令	meirei
ordenar (vt)	命令する	meirei suru
missão (f)	任務	ninmu
secreto	秘密の	himitsu no
batalha (f)	戦い	tatakai
combate (m)	戦闘	sentō
ataque (m)	攻撃	kōgeki
assalto (m)	突入	totsunyū
assaltar (vt)	突入する	totsunyū suru
assédio, sítio (m)	包囲	hōi
ofensiva (f)	攻勢	kōsei
passar à ofensiva	攻勢に出る	kōsei ni deru
retirada (f)	撤退	tettai
retirar-se (vr)	撤退する	tettai suru
cerco (m)	包囲	hōi
cercar (vt)	包囲する	hōi suru
bombardeio (m)	爆撃	bakugeki
lançar uma bomba	爆弾を投下する	bakudan wo tōka suru
bombardear (vt)	爆撃する	bakugeki suru
explosão (f)	爆発	bakuhatsu
tiro (m)	発砲	happō
disparar um tiro	発砲する	happō suru
tiroteio (m)	砲火	hōka
apontar para ...	狙う	nerau
apontar (vt)	向ける	mukeru

acertar (vt)	命中する	meichū suru
afundar (um navio)	撃沈する	gekichin suru
brecha (f)	穴	ana
afundar-se (vr)	沈没する	chinbotsu suru
frente (m)	戦線	sensen
evacuação (f)	避難	hinan
evacuar (vt)	避難する	hinan suru
trincheira (f)	塹壕	zangō
arame (m) farpado	有刺鉄線	yūshitessen
obstáculo (m) anticarro	障害物	shōgai butsu
torre (f) de vigia	監視塔	kanshi tō
hospital (m)	軍病院	gun byōin
ferir (vt)	負傷させる	fushō saseru
ferida (f)	負傷	fushō
ferido (m)	負傷者	fushō sha
ficar ferido	負傷する	fushō suru
grave (ferida ~)	重い	omoi

113. Guerra. Ações militares. Parte 2

cativeiro (m)	捕虜	horyo
capturar (vt)	捕虜にする	horyo ni suru
estar em cativeiro	捕虜になる	horyo ni naru
ser aprisionado	捕虜にされる	horyo ni sareru
campo (m) de concentração	強制収容所	kyōsei shūyō sho
prisioneiro (m) de guerra	捕虜	horyo
escapar (vi)	逃げる	nigeru
trair (vt)	裏切る	uragiru
traidor (m)	裏切り者	uragirimono
traição (f)	裏切り	uragiri
fuzilar, executar (vt)	銃殺する	jūsatsu suru
fuzilamento (m)	銃殺刑	jūsatsu kei
equipamento (m)	軍服	gunpuku
platina (f)	肩章	kenshō
máscara (f) antigás	ガスマスク	gasumasuku
rádio (m)	軍用無線	gunyō musen
cifra (f), código (m)	暗号	angō
conspiração (f)	秘密	himitsu
senha (f)	パスワード	pasuwādo
mina (f)	地雷	jirai
minar (vt)	地雷を仕掛ける	jirai wo shikakeru
campo (m) minado	地雷原	jirai hara
alarme (m) aéreo	空襲警報	kūshū keihō
alarme (m)	警報	keihō

sinal (m)	信号	shingō
sinalizador (m)	信号弾	shingō dan
estado-maior (m)	本部	honbu
reconhecimento (m)	偵察	teisatsu
situação (f)	事態	jitai
relatório (m)	報告	hōkoku
emboscada (f)	奇襲	kishū
reforço (m)	増援	zōen
alvo (m)	標的	hyōteki
campo (m) de tiro	実験場	jikken jō
manobras (f pl)	軍事演習	gunji enshū
pânico (m)	パニック	panikku
devastação (f)	荒廃	kōhai
ruínas (f pl)	廃墟	haikyo
destruir (vt)	廃墟にする	haikyo ni suru
sobreviver (vi)	生き残る	ikinokoru
desarmar (vt)	武装解除する	busō kaijo suru
manusear (vt)	扱う	atsukau
Firmes!	気をつけ	ki wo tsuke
Descansar!	休め	yasume
façanha (f)	功績	kōseki
juramento (m)	誓い	chikai
jurar (vi)	誓う	chikau
condecoração (f)	勲章	kunshō
condecorar (vt)	授ける	sazukeru
medalha (f)	メダル	medaru
ordem (f)	勲章	kunshō
vitória (f)	戦勝	senshō
derrota (f)	敗北	haiboku
armistício (m)	休戦	kyūsen
bandeira (f)	旗	hata
glória (f)	栄光	eikō
desfile (m) militar	行進	kōshin
marchar (vi)	行進する	kōshin suru

114. Armas

arma (f)	兵器	heiki
arma (f) de fogo	火器	kaki
arma (f) branca	冷兵器	reiheiki
arma (f) química	化学兵器	kagaku heiki
nuclear	核…	kaku …
arma (f) nuclear	核兵器	kakuheiki
bomba (f)	爆弾	bakudan

bomba (f) atómica	原子爆弾	genshi bakudan
pistola (f)	拳銃、ピストル	kenjū, pisutoru
caçadeira (f)	ライフル	raifuru
pistola-metralhadora (f)	サブマシンガン	sabumashin gan
metralhadora (f)	マシンガン	mashin gan
boca (f)	銃口	jūkō
cano (m)	砲身	hōshin
calibre (m)	口径	kōkei
gatilho (m)	トリガー	torigā
mira (f)	照準器	shōjun ki
carregador (m)	弾倉	dansō
coronha (f)	台尻	daijiri
granada (f) de mão	手榴弾	shuryūdan
explosivo (m)	爆発物	bakuhatsu butsu
bala (f)	弾	tama
cartucho (m)	実弾	jitsudan
carga (f)	装薬	sō yaku
munições (f pl)	弾薬	danyaku
bombardeiro (m)	爆撃機	bakugeki ki
avião (m) de caça	戦闘機	sentō ki
helicóptero (m)	ヘリコプター	herikoputā
canhão (m) antiaéreo	対空砲	taikū hō
tanque (m)	戦車	sensha
canhão (de um tanque)	戦車砲	sensha hō
artilharia (f)	砲兵	hōhei
canhão (m)	大砲	taihō
fazer a pontaria	狙いを定める	nerai wo sadameru
obus (m)	砲弾	hōdan
granada (f) de morteiro	迫撃砲弾	hakugeki hō dan
morteiro (m)	迫撃砲	hakugeki hō
estilhaço (m)	砲弾の破片	hōdan no hahen
submarino (m)	潜水艦	sensui kan
torpedo (m)	魚雷	gyorai
míssil (m)	ミサイル	misairu
carregar (uma arma)	装填する	sōten suru
atirar, disparar (vi)	撃つ	utsu
apontar para …	向ける	mukeru
baioneta (f)	銃剣	jūken
espada (f)	エペ	epe
sabre (m)	サーベル	sāberu
lança (f)	槍	yari
arco (m)	弓	yumi
flecha (f)	矢	ya
mosquete (m)	マスケット銃	masuketto jū
besta (f)	石弓	ishiyumi

115. Povos da antiguidade

primitivo	原始の	genshi no
pré-histórico	先史時代の	senshi jidai no
antigo	古代の	kodai no
Idade (f) da Pedra	石器時代	sekki jidai
Idade (f) do Bronze	青銅器時代	seidōki jidai
período (m) glacial	氷河時代	hyōga jidai
tribo (f)	部族	buzoku
canibal (m)	人食い人種	hito kui jin shi
caçador (m)	狩人	karyūdo
caçar (vi)	狩る	karu
mamute (m)	マンモス	manmosu
caverna (f)	洞窟	dōkutsu
fogo (m)	火	hi
fogueira (f)	焚火	takibi
pintura (f) rupestre	岩壁画	iwa hekiga
ferramenta (f)	道具	dōgu
lança (f)	槍	yari
machado (m) de pedra	石斧	sekifu
guerrear (vt)	戦争中である	sensō chū de aru
domesticar (vt)	飼い慣らす	kainarasu
ídolo (m)	偶像	gūzō
adorar, venerar (vt)	崇拝する	sūhai suru
superstição (f)	迷信	meishin
ritual (m)	儀式	gishiki
evolução (f)	進化	shinka
desenvolvimento (m)	発達	hattatsu
desaparecimento (m)	絶滅	zetsumetsu
adaptar-se (vr)	適応する	tekiō suru
arqueologia (f)	考古学	kōkogaku
arqueólogo (m)	考古学者	kōkogakusha
arqueológico	考古学の	kōkogaku no
local (m) das escavações	発掘現場	hakkutsu genba
escavações (f pl)	発掘	hakkutsu
achado (m)	発見	hakken
fragmento (m)	一片	ippen

116. Idade média

povo (m)	民族	minzoku
povos (m pl)	民族	minzoku
tribo (f)	部族	buzoku
tribos (f pl)	部族	buzoku
bárbaros (m pl)	野蛮人	yaban jin

gauleses (m pl)	ガリア人	ga ria jin
godos (m pl)	ゴート人	gōto jin
eslavos (m pl)	スラヴ人	suravu jin
víquingues (m pl)	ヴァイキング	bai kingu
romanos (m pl)	ローマ人	rōma jin
romano	ローマの	rōma no
bizantinos (m pl)	ビザンティン人	bizantin jin
Bizâncio	ビザンチウム	bizanchiumu
bizantino	ビザンチンの	bizanchin no
imperador (m)	皇帝	kōtei
líder (m)	リーダー	rīdā
poderoso	強力な	kyōryoku na
rei (m)	王	ō
governante (m)	支配者	shihai sha
cavaleiro (m)	騎士	kishi
senhor feudal (m)	封建領主	hōken ryōshu
feudal	封建時代の	hōken jidai no
vassalo (m)	臣下	shinka
duque (m)	公爵	kōshaku
conde (m)	伯爵	hakushaku
barão (m)	男爵	danshaku
bispo (m)	司教	shikyō
armadura (f)	よろい [鎧]	yoroi
escudo (m)	盾	tate
espada (f)	剣	ken
viseira (f)	バイザー	baizā
cota (f) de malha	鎖帷子	kusarikatabira
cruzada (f)	十字軍	jūjigun
cruzado (m)	十字軍の戦士	jūjigun no senshi
território (m)	領土	ryōdo
atacar (vt)	攻撃する	kōgeki suru
conquistar (vt)	征服する	seifuku suru
ocupar, invadir (vt)	占領する	senryō suru
assédio, sítio (m)	包囲	hōi
sitiado	攻囲された	kōi sare ta
assediar, sitiar (vt)	攻囲する	kōi suru
inquisição (f)	宗教裁判	shūkyō saiban
inquisidor (m)	宗教裁判官	shūkyō saibankan
tortura (f)	拷問	gōmon
cruel	残酷な	zankoku na
herege (m)	異端者	itan sha
heresia (f)	異端	itan
navegação (f) marítima	船旅	funatabi
pirata (m)	海賊	kaizoku
pirataria (f)	海賊行為	kaizoku kōi

abordagem (f)	移乗攻撃	ijō kōgeki
presa (f), butim (m)	戦利品	senri hin
tesouros (m pl)	宝	takara
descobrimento (m)	発見	hakken
descobrir (novas terras)	発見する	hakken suru
expedição (f)	探検	tanken
mosqueteiro (m)	銃士	jū shi
cardeal (m)	枢機卿	sūkikyō
heráldica (f)	紋章学	monshō gaku
heráldico	紋章の	monshō no

117. Líder. Chefe. Autoridades

rei (m)	国王	kokuō
rainha (f)	女王	joō
real	王室の	ōshitsu no
reino (m)	王国	ōkoku
príncipe (m)	王子	ōji
princesa (f)	王妃	ōhi
presidente (m)	大統領	daitōryō
vice-presidente (m)	副大統領	fuku daitōryō
senador (m)	上院議員	jōin gīn
monarca (m)	君主	kunshu
governante (m)	支配者	shihai sha
ditador (m)	独裁者	dokusai sha
tirano (m)	暴君	bōkun
magnata (m)	マグナート	magunāto
diretor (m)	責任者	sekinin sha
chefe (m)	長	chō
dirigente (m)	管理者	kanri sha
patrão (m)	ボス	bosu
dono (m)	経営者	keieisha
líder, chefe (m)	リーダー	rīdā
chefe (~ de delegação)	長	chō
autoridades (f pl)	当局	tōkyoku
superiores (m pl)	上司	jōshi
governador (m)	知事	chiji
cônsul (m)	領事	ryōji
diplomata (m)	外交官	gaikō kan
Presidente (m) da Câmara	市長	shichō
xerife (m)	保安官	hoan kan
imperador (m)	皇帝	kōtei
czar (m)	ツァーリ	tsāri
faraó (m)	ファラオ	farao
cã (m)	ハン	han

118. Viloação da lei. Criminosos. Parte 1

bandido (m)	山賊	sanzoku
crime (m)	犯罪	hanzai
criminoso (m)	犯罪者	hanzai sha
ladrão (m)	泥棒	dorobō
roubar (vt)	盗む	nusumu
furto (m)	窃盗	settō
furto (m)	泥棒	dorobō
raptar (ex. ~ uma criança)	誘拐する	yūkai suru
rapto (m)	誘拐	yūkai
raptor (m)	誘拐犯	yūkai han
resgate (m)	身代金	minoshirokin
pedir resgate	身代金を要求する	minoshirokin wo yōkyū suru
roubar (vt)	強盗する	gōtō suru
assalto, roubo (m)	強盗	gōtō
assaltante (m)	強盗犯	gōtō han
extorquir (vt)	恐喝する	kyōkatsu suru
extorsionário (m)	恐喝者	kyōkatsu sha
extorsão (f)	恐喝	kyōkatsu
matar, assassinar (vt)	殺す	korosu
homicídio (m)	殺人	satsujin
homicida, assassino (m)	殺人者	satsujin sha
tiro (m)	発砲	happō
dar um tiro	発砲する	happō suru
matar a tiro	射殺する	shasatsu suru
atirar, disparar (vi)	撃つ	utsu
tiroteio (m)	射撃	shageki
incidente (m)	事件	jiken
briga (~ de rua)	喧嘩	kenka
Socorro!	助けて！	tasuke te!
vítima (f)	被害者	higai sha
danificar (vt)	損害を与える	songai wo ataeru
dano (m)	損害	songai
cadáver (m)	死体	shitai
grave	重い	omoi
atacar (vt)	攻撃する	kōgeki suru
bater (espancar)	殴る	naguru
espancar (vt)	打ちのめす	uchinomesu
tirar, roubar (dinheiro)	強奪する	gōdatsu suru
esfaquear (vt)	刺し殺す	sashikorosu
mutilar (vt)	重症を負わせる	jūshō wo owaseru
ferir (vt)	負わせる	owaseru
chantagem (f)	恐喝	kyōkatsu
chantagear (vt)	恐喝する	kyōkatsu suru

chantagista (m)	恐喝者	kyōkatsu sha
extorsão (em troca de proteção)	ゆすり	yusuri
extorsionário (m)	ゆすりを働く人	yusuri wo hataraku hito
gângster (m)	暴力団員	bōryokudan in
máfia (f)	マフィア	mafia
carteirista (m)	すり	suri
assaltante, ladrão (m)	強盗	gōtō
contrabando (m)	密輸	mitsuyu
contrabandista (m)	密輸者	mitsuyu sha
falsificação (f)	偽造	gizō
falsificar (vt)	偽造する	gizō suru
falsificado	偽造の	gizō no

119. Viloação da lei. Criminosos. Parte 2

violação (f)	強姦	gōkan
violar (vt)	強姦する	gōkan suru
violador (m)	強姦犯	gōkan han
maníaco (m)	マニア	mania
prostituta (f)	売春婦	baishun fu
prostituição (f)	売春	baishun
chulo (m)	ポン引き	pon biki
toxicodependente (m)	麻薬中毒者	mayaku chūdoku sha
traficante (m)	麻薬の売人	mayaku no bainin
explodir (vt)	爆発させる	bakuhatsu saseru
explosão (f)	爆発	bakuhatsu
incendiar (vt)	放火する	hōka suru
incendiário (m)	放火犯人	hōka hannin
terrorismo (m)	テロリズム	terorizumu
terrorista (m)	テロリスト	terorisuto
refém (m)	人質	hitojichi
enganar (vt)	詐欺を働く	sagi wo hataraku
engano (m)	詐欺	sagi
vigarista (m)	詐欺師	sagi shi
subornar (vt)	賄賂を渡す	wairo wo watasu
suborno (atividade)	賄賂の授受	wairo no juju
suborno (dinheiro)	賄賂	wairo
veneno (m)	毒	doku
envenenar (vt)	…を毒殺する	… wo dokusatsu suru
envenenar-se (vr)	毒薬を飲む	dokuyaku wo nomu
suicídio (m)	自殺	jisatsu
suicida (m)	自殺者	jisatsu sha
ameaçar (vt)	脅す	odosu

ameaça (f)	脅し	odoshi
atentar contra a vida de ...	殺そうとする	koroso u to suru
atentado (m)	殺人未遂	satsujin misui
roubar (o carro)	盗む	nusumu
desviar (o avião)	ハイジャックする	haijakku suru
vingança (f)	復讐	fukushū
vingar (vt)	復讐する	fukushū suru
torturar (vt)	拷問する	gōmon suru
tortura (f)	拷問	gōmon
atormentar (vt)	虐待する	gyakutai suru
pirata (m)	海賊	kaizoku
desordeiro (m)	フーリガン	fūrigan
armado	武装した	busō shi ta
violência (f)	暴力	bōryoku
ilegal	違法な	ihō na
espionagem (f)	スパイ行為	supai kōi
espionar (vi)	スパイする	supai suru

120. Polícia. Lei. Parte 1

justiça (f)	司法	shihō
tribunal (m)	裁判所	saibansho
juiz (m)	裁判官	saibankan
jurados (m pl)	陪審員	baishin in
tribunal (m) do júri	陪審裁判	baishin saiban
julgar (vt)	判決を下す	hanketsu wo kudasu
advogado (m)	弁護士	bengoshi
réu (m)	被告人	hikoku jin
banco (m) dos réus	被告席	hikoku seki
acusação (f)	告発	kokuhatsu
acusado (m)	被告人	hikoku jin
sentença (f)	判決	hanketsu
sentenciar (vt)	判決を下す	hanketsu wo kudasu
culpado (m)	有罪の	yūzai no
punir (vt)	処罰する	shobatsu suru
punição (f)	処罰	shobatsu
multa (f)	罰金	bakkin
prisão (f) perpétua	終身刑	shūshin kei
pena (f) de morte	死刑	shikei
cadeira (f) elétrica	電気椅子	denki isu
forca (f)	絞首台	kōshu dai
executar (vt)	処刑する	shokei suru
execução (f)	死刑	shikei

prisão (f)	刑務所	keimusho
cela (f) de prisão	独房	dokubō
escolta (f)	護送	gosō
guarda (m) prisional	刑務官	keimu kan
preso (m)	囚人	shūjin
algemas (f pl)	手錠	tejō
algemar (vt)	手錠をかける	tejō wo kakeru
fuga, evasão (f)	脱獄	datsugoku
fugir (vi)	脱獄する	datsugoku suru
desaparecer (vi)	姿を消す	sugata wo kesu
soltar, libertar (vt)	放免する	hōmen suru
amnistia (f)	恩赦	onsha
polícia (instituição)	警察	keisatsu
polícia (m)	警官	keikan
esquadra (f) de polícia	警察署	keisatsu sho
cassetete (m)	警棒	keibō
megafone (m)	拡声器	kakusei ki
carro (m) de patrulha	パトロールカー	patorōrukā
sirene (f)	サイレン	sairen
ligar a sirene	サイレンを鳴らす	sairen wo narasu
toque (m) da sirene	サイレンの音	sairen no oto
cena (f) do crime	犯行現場	hankō genba
testemunha (f)	目撃者	mokugeki sha
liberdade (f)	自由	jiyū
cúmplice (m)	共犯者	kyōhan sha
escapar (vi)	逃走する	tōsō suru
traço (não deixar ~s)	形跡	keiseki

121. Polícia. Lei. Parte 2

procura (f)	捜査	sōsa
procurar (vt)	捜索する	sōsaku suru
suspeita (f)	嫌疑	kengi
suspeito	不審な	fushin na
parar (vt)	止める	tomeru
deter (vt)	留置する	ryūchi suru
caso (criminal)	事件	jiken
investigação (f)	捜査	sōsa
detetive (m)	探偵	tantei
investigador (m)	捜査官	sōsa kan
versão (f)	仮説	kasetsu
motivo (m)	動機	dōki
interrogatório (m)	尋問	jinmon
interrogar (vt)	尋問する	jinmon suru
questionar (vt)	尋問する	jinmon suru
verificação (f)	身元確認	mimoto kakunin

batida (f) policial	一斉検挙	issei kenkyo
busca (f)	家宅捜索	kataku sōsaku
perseguição (f)	追跡	tsuiseki
perseguir (vt)	追跡する	tsuiseki suru
seguir (vt)	追う	ō
prisão (f)	逮捕	taiho
prender (vt)	逮捕する	taiho suru
pegar, capturar (vt)	捕まえる	tsukamaeru
captura (f)	捕獲	hokaku
documento (m)	文書	bunsho
prova (f)	証拠	shōko
provar (vt)	証明する	shōmei suru
pegada (f)	足跡	ashiato
impressões (f pl) digitais	指紋	shimon
prova (f)	一つの証拠	hitotsu no shōko
álibi (m)	アリバイ	aribai
inocente	無罪の	muzai no
injustiça (f)	不当	futō
injusto	不当な	futō na
criminal	犯罪の	hanzai no
confiscar (vt)	没収する	bosshū suru
droga (f)	麻薬	mayaku
arma (f)	兵器	heiki
desarmar (vt)	武装解除する	busō kaijo suru
ordenar (vt)	命令する	meirei suru
desaparecer (vi)	姿を消す	sugata wo kesu
lei (f)	法律	hōritsu
legal	合法の	gōhō no
ilegal	違法な	ihō na
responsabilidade (f)	責め	seme
responsável	責めを負うべき	seme wo ō beki

NATUREZA

A Terra. Parte 1

122. Espaço sideral

cosmos (m)	宇宙	uchū
cósmico	宇宙の	uchū no
espaço (m) cósmico	宇宙空間	uchū kūkan
mundo (m)	世界	sekai
universo (m)	宇宙	uchū
galáxia (f)	銀河系	gingakei
estrela (f)	星	hoshi
constelação (f)	星座	seiza
planeta (m)	惑星	wakusei
satélite (m)	衛星	eisei
meteorito (m)	隕石	inseki
cometa (m)	彗星	suisei
asteroide (m)	小惑星	shōwakusei
órbita (f)	軌道	kidō
girar (vi)	公転する	kōten suru
atmosfera (f)	大気	taiki
Sol (m)	太陽	taiyō
Sistema (m) Solar	太陽系	taiyōkei
eclipse (m) solar	日食	nisshoku
Terra (f)	地球	chikyū
Lua (f)	月	tsuki
Marte (m)	火星	kasei
Vénus (f)	金星	kinsei
Júpiter (m)	木星	mokusei
Saturno (m)	土星	dosei
Mercúrio (m)	水星	suisei
Urano (m)	天王星	tennōsei
Neptuno (m)	海王星	kaiōsei
Plutão (m)	冥王星	meiōsei
Via Láctea (f)	天の川	amanogawa
Ursa Maior (f)	おおぐま座	ōguma za
Estrela Polar (f)	北極星	hokkyokusei
marciano (m)	火星人	kasei jin
extraterrestre (m)	宇宙人	uchū jin

alienígena (m)	異星人	i hoshi jin
disco (m) voador	空飛ぶ円盤	sora tobu enban
nave (f) espacial	宇宙船	uchūsen
estação (f) orbital	宇宙ステーション	uchū sutēshon
lançamento (m)	打ち上げ	uchiage
motor (m)	エンジン	enjin
bocal (m)	ノズル	nozuru
combustível (m)	燃料	nenryō
cabine (f)	コックピット	kokkupitto
antena (f)	アンテナ	antena
vigia (f)	舷窓	gensō
bateria (f) solar	太陽電池	taiyō denchi
traje (m) espacial	宇宙服	uchū fuku
imponderabilidade (f)	無重力	mu jūryoku
oxigénio (m)	酸素	sanso
acoplagem (f)	ドッキング	dokkingu
fazer uma acoplagem	ドッキングする	dokkingu suru
observatório (m)	天文台	tenmondai
telescópio (m)	望遠鏡	bōenkyō
observar (vt)	観察する	kansatsu suru
explorar (vt)	探索する	tansaku suru

123. A Terra

Terra (f)	地球	chikyū
globo terrestre (Terra)	世界	sekai
planeta (m)	惑星	wakusei
atmosfera (f)	大気	taiki
geografia (f)	地理学	chiri gaku
natureza (f)	自然	shizen
globo (mapa esférico)	地球儀	chikyūgi
mapa (m)	地図	chizu
atlas (m)	地図帳	chizu chō
Europa (f)	ヨーロッパ	yōroppa
Ásia (f)	アジア	ajia
África (f)	アフリカ	afurika
Austrália (f)	オーストラリア	ōsutoraria
América (f)	アメリカ	amerika
América (f) do Norte	北アメリカ	kita amerika
América (f) do Sul	南アメリカ	minami amerika
Antártida (f)	南極大陸	nankyokutairiku
Ártico (m)	北極	hokkyoku

124. Pontos cardeais

norte (m)	北	kita
para norte	北へ	kita he
no norte	北に	kita ni
do norte	北の	kita no
sul (m)	南	minami
para sul	南へ	minami he
no sul	南に	minami ni
do sul	南の	minami no
oeste, ocidente (m)	西	nishi
para oeste	西へ	nishi he
no oeste	西に	nishi ni
ocidental	西の	nishi no
leste, oriente (m)	東	higashi
para leste	東へ	higashi he
no leste	東に	higashi ni
oriental	東の	higashi no

125. Mar. Oceano

mar (m)	海	umi
oceano (m)	海洋	kaiyō
golfo (m)	湾	wan
estreito (m)	海峡	kaikyō
terra (f) firme	乾燥地	kansō chi
continente (m)	大陸	tairiku
ilha (f)	島	shima
península (f)	半島	hantō
arquipélago (m)	多島海	tatōkai
baía (f)	入り江	irie
porto (m)	泊地	hakuchi
lagoa (f)	潟	kata
cabo (m)	岬	misaki
atol (m)	環礁	kanshō
recife (m)	暗礁	anshō
coral (m)	サンゴ	sango
recife (m) de coral	サンゴ礁	sangoshō
profundo	深い	fukai
profundidade (f)	深さ	fuka sa
abismo (m)	深淵	shinen
fossa (f) oceânica	海溝	kaikō
corrente (f)	海流	kairyū
banhar (vt)	取り囲む	torikakomu
litoral (m)	海岸	kaigan

costa (f)	沿岸	engan
maré (f) alta	満潮	manchō
refluxo (m), maré (f) baixa	干潮	kanchō
restinga (f)	砂州	sasu
fundo (m)	底	soko
onda (f)	波	nami
crista (f) da onda	波頭	namigashira
espuma (f)	泡	awa
tempestade (f)	嵐	arashi
furacão (m)	ハリケーン	harikēn
tsunami (m)	津波	tsunami
calmaria (f)	凪	nagi
calmo	穏やかな	odayaka na
polo (m)	極地	kyokuchi
polar	極地の	kyokuchi no
latitude (f)	緯度	ido
longitude (f)	経度	keido
paralela (f)	度線	dosen
equador (m)	赤道	sekidō
céu (m)	空	sora
horizonte (m)	地平線	chiheisen
ar (m)	空気	kūki
farol (m)	灯台	tōdai
mergulhar (vi)	飛び込む	tobikomu
afundar-se (vr)	沈没する	chinbotsu suru
tesouros (m pl)	宝	takara

126. Nomes de Mares e Oceanos

Oceano (m) Atlântico	大西洋	taiseiyō
Oceano (m) Índico	インド洋	indoyō
Oceano (m) Pacífico	太平洋	taiheiyō
Oceano (m) Ártico	北氷洋	kitakōriyō
Mar (m) Negro	黒海	kokkai
Mar (m) Vermelho	紅海	kōkai
Mar (m) Amarelo	黄海	kōkai
Mar (m) Branco	白海	hakkai
Mar (m) Cáspio	カスピ海	kasupikai
Mar (m) Morto	死海	shikai
Mar (m) Mediterrâneo	地中海	chichūkai
Mar (m) Egeu	エーゲ海	ēgekai
Mar (m) Adriático	アドリア海	adoriakai
Mar (m) Arábico	アラビア海	arabia kai
Mar (m) do Japão	日本海	nihonkai

Mar (m) de Bering	ベーリング海	bēringukai
Mar (m) da China Meridional	南シナ海	minami shinakai
Mar (m) de Coral	珊瑚海	sangokai
Mar (m) de Tasman	タスマン海	tasumankai
Mar (m) do Caribe	カリブ海	karibukai
Mar (m) de Barents	バレンツ海	barentsukai
Mar (m) de Kara	カラ海	karakai
Mar (m) do Norte	北海	hokkai
Mar (m) Báltico	バルト海	barutokai
Mar (m) da Noruega	ノルウェー海	noruwē umi

127. Montanhas

montanha (f)	山	yama
cordilheira (f)	山脈	sanmyaku
serra (f)	山稜	sanryō
cume (m)	頂上	chōjō
pico (m)	とがった山頂	togatta sanchō
sopé (m)	麓	fumoto
declive (m)	山腹	sanpuku
vulcão (m)	火山	kazan
vulcão (m) ativo	活火山	kakkazan
vulcão (m) extinto	休火山	kyūkazan
erupção (f)	噴火	funka
cratera (f)	噴火口	funkakō
magma (m)	岩漿、マグマ	ganshō, maguma
lava (f)	溶岩	yōgan
fundido (lava ~a)	溶…	yō …
desfiladeiro (m)	峡谷	kyōkoku
garganta (f)	峡谷	kyōkoku
fenda (f)	裂け目	sakeme
precipício (m)	奈落の底	naraku no soko
passo, colo (m)	峠	tōge
planalto (m)	高原	kōgen
falésia (f)	断崖	dangai
colina (f)	丘	oka
glaciar (m)	氷河	hyōga
queda (f) d'água	滝	taki
géiser (m)	間欠泉	kanketsusen
lago (m)	湖	mizūmi
planície (f)	平原	heigen
paisagem (f)	風景	fūkei
eco (m)	こだま	kodama
alpinista (m)	登山家	tozan ka

escalador (m)	ロッククライマー	rokku kuraimā
conquistar (vt)	征服する	seifuku suru
subida, escalada (f)	登山	tozan

128. Nomes de montanhas

Alpes (m pl)	アルプス山脈	arupusu sanmyaku
monte Branco (m)	モンブラン	monburan
Pirineus (m pl)	ピレネー山脈	pirenē sanmyaku
Cárpatos (m pl)	カルパティア山脈	karupatia sanmyaku
montes (m pl) Urais	ウラル山脈	uraru sanmyaku
Cáucaso (m)	コーカサス山脈	kōkasasu sanmyaku
Elbrus (m)	エルブルス山	eruburusu san
Altai (m)	アルタイ山脈	arutai sanmyaku
Tian Shan (m)	天山山脈	amayama sanmyaku
Pamir (m)	パミール高原	pamīru kōgen
Himalaias (m pl)	ヒマラヤ	himaraya
monte (m) Everest	エベレスト	eberesuto
Cordilheira (f) dos Andes	アンデス山脈	andesu sanmyaku
Kilimanjaro (m)	キリマンジャロ	kirimanjaro

129. Rios

rio (m)	川	kawa
fonte, nascente (f)	泉	izumi
leito (m) do rio	川床	kawadoko
bacia (f)	流域	ryūiki
desaguar no ...	…に流れ込む	... ni nagarekomu
afluente (m)	支流	shiryū
margem (do rio)	川岸	kawagishi
corrente (f)	流れ	nagare
rio abaixo	下流の	karyū no
rio acima	上流の	jōryū no
inundação (f)	洪水	kōzui
cheia (f)	氾濫	hanran
transbordar (vi)	氾濫する	hanran suru
inundar (vt)	水浸しにする	mizubitashi ni suru
banco (m) de areia	浅瀬	asase
rápidos (m pl)	急流	kyūryū
barragem (f)	ダム	damu
canal (m)	運河	unga
reservatório (m) de água	ため池［溜池］	tameike
eclusa (f)	水門	suimon
corpo (m) de água	水域	suīki

pântano (m)	沼地	numachi
tremedal (m)	湿地	shicchi
remoinho (m)	渦	uzu
arroio, regato (m)	小川	ogawa
potável	飲用の	inyō no
doce (água)	淡…	tan …
gelo (m)	氷	kōri
congelar-se (vr)	氷結する	hyōketsu suru

130. Nomes de rios

rio Sena (m)	セーヌ川	sēnu gawa
rio Loire (m)	ロワール川	rowāru gawa
rio Tamisa (m)	テムズ川	temuzu gawa
rio Reno (m)	ライン川	rain gawa
rio Danúbio (m)	ドナウ川	donau gawa
rio Volga (m)	ヴォルガ川	voruga gawa
rio Don (m)	ドン川	don gawa
rio Lena (m)	レナ川	rena gawa
rio Amarelo (m)	黄河	kōga
rio Yangtzé (m)	長江	chōkō
rio Mekong (m)	メコン川	mekon gawa
rio Ganges (m)	ガンジス川	ganjisu gawa
rio Nilo (m)	ナイル川	nairu gawa
rio Congo (m)	コンゴ川	kongo gawa
rio Cubango (m)	オカヴァンゴ川	okavango gawa
rio Zambeze (m)	ザンベジ川	zanbeji gawa
rio Limpopo (m)	リンポポ川	rinpopo gawa
rio Mississípi (m)	ミシシッピ川	mishishippi gawa

131. Floresta

floresta (f), bosque (m)	森林	shinrin
florestal	森林の	shinrin no
mata (f) cerrada	密林	mitsurin
arvoredo (m)	木立	kodachi
clareira (f)	空き地	akichi
matagal (m)	やぶ [藪]	yabu
mato (m)	低木地域	teiboku chīki
vereda (f)	小道	komichi
ravina (f)	ガリ	gari
árvore (f)	木	ki
folha (f)	葉	ha

folhagem (f)	葉っぱ	happa
queda (f) das folhas	落葉	rakuyō
cair (vi)	落ちる	ochiru
topo (m)	木のてっぺん	kinoteppen
ramo (m)	枝	eda
galho (m)	主枝	shushi
botão, rebento (m)	芽 [め]	me
agulha (f)	松葉	matsuba
pinha (f)	松ぼっくり	matsubokkuri
buraco (m) de árvore	樹洞	kihora
ninho (m)	巣	su
toca (f)	巣穴	su ana
tronco (m)	幹	miki
raiz (f)	根	ne
casca (f) de árvore	樹皮	juhi
musgo (m)	コケ [苔]	koke
arrancar pela raiz	根こそぎにする	nekosogi ni suru
cortar (vt)	切り倒す	kiritaosu
desflorestar (vt)	切り払う	kiriharau
toco, cepo (m)	切り株	kirikabu
fogueira (f)	焚火	takibi
incêndio (m) florestal	森林火災	shinrin kasai
apagar (vt)	火を消す	hi wo kesu
guarda-florestal (m)	森林警備隊員	shinrin keibi taīn
proteção (f)	保護	hogo
proteger (a natureza)	保護する	hogo suru
caçador (m) furtivo	密漁者	mitsuryō sha
armadilha (f)	罠	wana
colher (cogumelos)	摘み集める	tsumi atsumeru
colher (bagas)	採る	toru
perder-se (vr)	道に迷う	michi ni mayō

132. Recursos naturais

recursos (m pl) naturais	天然資源	tennen shigen
minerais (m pl)	鉱物資源	kōbutsu shigen
depósitos (m pl)	鉱床	kōshō
jazida (f)	田	den
extrair (vt)	採掘する	saikutsu suru
extração (f)	採掘	saikutsu
minério (m)	鉱石	kōseki
mina (f)	鉱山	kōzan
poço (m) de mina	立坑	tatekō
mineiro (m)	鉱山労働者	kōzan rōdō sha
gás (m)	ガス	gasu
gasoduto (m)	ガスパイプライン	gasu paipurain

petróleo (m)	石油	sekiyu
oleoduto (m)	石油パイプライン	sekiyu paipurain
poço (m) de petróleo	油井	yusei
torre (f) petrolífera	油井やぐら	yusei ya gura
petroleiro (m)	タンカー	tankā
areia (f)	砂	suna
calcário (m)	石灰岩	sekkaigan
cascalho (m)	砂利	jari
turfa (f)	泥炭	deitan
argila (f)	粘土	nendo
carvão (m)	石炭	sekitan
ferro (m)	鉄	tetsu
ouro (m)	金	kin
prata (f)	銀	gin
níquel (m)	ニッケル	nikkeru
cobre (m)	銅	dō
zinco (m)	亜鉛	aen
manganês (m)	マンガン	mangan
mercúrio (m)	水銀	suigin
chumbo (m)	鉛	namari
mineral (m)	鉱物	kōbutsu
cristal (m)	水晶	suishō
mármore (m)	大理石	dairiseki
urânio (m)	ウラン	uran

A Terra. Parte 2

133. Tempo

tempo (m)	天気	tenki
previsão (f) do tempo	天気予報	tenki yohō
temperatura (f)	温度	ondo
termómetro (m)	温度計	ondo kei
barómetro (m)	気圧計	kiatsu kei
húmido	湿度の	shitsudo no
humidade (f)	湿度	shitsudo
calor (m)	猛暑	mōsho
cálido	暑い	atsui
está muito calor	暑いです	atsui desu
está calor	暖かいです	atatakai desu
quente	暖かい	atatakai
está frio	寒いです	samui desu
frio	寒い	samui
sol (m)	太陽	taiyō
brilhar (vi)	照る	teru
de sol, ensolarado	晴れの	hare no
nascer (vi)	昇る	noboru
pôr-se (vr)	沈む	shizumu
nuvem (f)	雲	kumo
nublado	曇りの	kumori no
nuvem (f) preta	雨雲	amagumo
escuro, cinzento	どんよりした	donyori shi ta
chuva (f)	雨	ame
está a chover	雨が降っている	ame ga futte iru
chuvoso	雨の	ame no
chuviscar (vi)	そぼ降る	sobofuru
chuva (f) torrencial	土砂降りの雨	doshaburi no ame
chuvada (f)	大雨	ōame
forte (chuva)	激しい	hageshī
poça (f)	水溜り	mizutamari
molhar-se (vr)	ぬれる [濡れる]	nureru
nevoeiro (m)	霧	kiri
de nevoeiro	霧の	kiri no
neve (f)	雪	yuki
está a nevar	雪が降っている	yuki ga futte iru

134. Tempo extremo. Catástrofes naturais

trovoada (f)	雷雨	raiu
relâmpago (m)	稲妻	inazuma
relampejar (vi)	ピカッと光る	pikatto hikaru
trovão (m)	雷	kaminari
trovejar (vi)	雷が鳴る	kaminari ga naru
está a trovejar	雷が鳴っている	kaminari ga natte iru
granizo (m)	ひょう [雹]	hyō
está a cair granizo	ひょうが降っている	hyō ga futte iru
inundar (vt)	水浸しにする	mizubitashi ni suru
inundação (f)	洪水	kōzui
terremoto (m)	地震	jishin
abalo, tremor (m)	震動	shindō
epicentro (m)	震源地	shingen chi
erupção (f)	噴火	funka
lava (f)	溶岩	yōgan
turbilhão (m)	旋風	senpū
tornado (m)	竜巻	tatsumaki
tufão (m)	台風	taifū
furacão (m)	ハリケーン	harikēn
tempestade (f)	暴風	bōfū
tsunami (m)	津波	tsunami
ciclone (m)	サイクロン	saikuron
mau tempo (m)	悪い天気	warui tenki
incêndio (m)	火事	kaji
catástrofe (f)	災害	saigai
meteorito (m)	隕石	inseki
avalanche (f)	雪崩	nadare
deslizamento (m) de neve	雪崩	nadare
nevasca (f)	猛吹雪	mō fubuki
tempestade (f) de neve	吹雪	fubuki

Fauna

135. Mamíferos. Predadores

predador (m)	肉食獣	nikushoku juu
tigre (m)	トラ [虎]	tora
leão (m)	ライオン	raion
lobo (m)	オオカミ	ōkami
raposa (f)	キツネ [狐]	kitsune
jaguar (m)	ジャガー	jagā
leopardo (m)	ヒョウ [豹]	hyō
chita (f)	チーター	chītā
pantera (f)	黒豹	kuro hyō
puma (m)	ピューマ	pyūma
leopardo-das-neves (m)	雪豹	yuki hyō
lince (m)	オオヤマネコ	ōyamaneko
coiote (m)	コヨーテ	koyōte
chacal (m)	ジャッカル	jakkaru
hiena (f)	ハイエナ	haiena

136. Animais selvagens

animal (m)	動物	dōbutsu
besta (f)	獣	shishi
esquilo (m)	リス	risu
ouriço (m)	ハリネズミ [針鼠]	harinezumi
lebre (f)	ヘア	hea
coelho (m)	ウサギ [兎]	usagi
texugo (m)	アナグマ	anaguma
guaxinim (m)	アライグマ	araiguma
hamster (m)	ハムスター	hamusutā
marmota (f)	マーモット	māmotto
toupeira (f)	モグラ	mogura
rato (m)	ネズミ	nezumi
ratazana (f)	ラット	ratto
morcego (m)	コウモリ [蝙蝠]	kōmori
arminho (m)	オコジョ	okojo
zibelina (f)	クロテン	kuroten
marta (f)	マツテン	matsu ten
doninha (f)	イタチ (鼬、鼬鼠)	itachi
vison (m)	ミンク	minku

castor (m)	ビーバー	bībā
lontra (f)	カワウソ	kawauso
cavalo (m)	ウマ [馬]	uma
alce (m)	ヘラジカ（箆鹿）	herajika
veado (m)	シカ [鹿]	shika
camelo (m)	ラクダ [駱駝]	rakuda
bisão (m)	アメリカバイソン	amerika baison
auroque (m)	ヨーロッパバイソン	yōroppa baison
búfalo (m)	水牛	suigyū
zebra (f)	シマウマ [縞馬]	shimauma
antílope (m)	レイヨウ	reiyō
corça (f)	ノロジカ	noro jika
gamo (m)	ダマジカ	damajika
camurça (f)	シャモア	shamoa
javali (m)	イノシシ [猪]	inoshishi
baleia (f)	クジラ [鯨]	kujira
foca (f)	アザラシ	azarashi
morsa (f)	セイウチ [海象]	seiuchi
urso-marinho (m)	オットセイ [膃肭臍]	ottosei
golfinho (m)	いるか [海豚]	iruka
urso (m)	クマ [熊]	kuma
urso (m) branco	ホッキョクグマ	hokkyokuguma
panda (m)	パンダ	panda
macaco (em geral)	サル [猿]	saru
chimpanzé (m)	チンパンジー	chinpanjī
orangotango (m)	オランウータン	oranwutan
gorila (m)	ゴリラ	gorira
macaco (m)	マカク	makaku
gibão (m)	テナガザル	tenagazaru
elefante (m)	ゾウ [象]	zō
rinoceronte (m)	サイ [犀]	sai
girafa (f)	キリン	kirin
hipopótamo (m)	カバ [河馬]	kaba
canguru (m)	カンガルー	kangarū
coala (m)	コアラ	koara
mangusto (m)	マングース	mangūsu
chinchila (m)	チンチラ	chinchira
doninha-fedorenta (f)	スカンク	sukanku
porco-espinho (m)	ヤマアラシ	yamārashi

137. Animais domésticos

gata (f)	猫	neko
gato (m) macho	オス猫	osu neko
cão (m)	犬	inu

cavalo (m)	ウマ [馬]	uma
garanhão (m)	種馬	taneuma
égua (f)	雌馬	meuma
vaca (f)	雌牛	meushi
touro (m)	雄牛	ōshi
boi (m)	去勢牛	kyosei ushi
ovelha (f)	羊	hitsuji
carneiro (m)	雄羊	ohitsuji
cabra (f)	ヤギ [山羊]	yagi
bode (m)	雄ヤギ	oyagi
burro (m)	ロバ	roba
mula (f)	ラバ	raba
porco (m)	ブタ [豚]	buta
leitão (m)	子豚	kobuta
coelho (m)	カイウサギ [飼兎]	kai usagi
galinha (f)	ニワトリ [鶏]	niwatori
galo (m)	おんどり [雄鶏]	ondori
pata (f)	アヒル	ahiru
pato (macho)	雄アヒル	oahiru
ganso (m)	ガチョウ	gachō
peru (m)	雄七面鳥	oshichimenchō
perua (f)	七面鳥 [シチメンチョウ]	shichimenchō
animais (m pl) domésticos	家畜	kachiku
domesticado	馴れた	nare ta
domesticar (vt)	かいならす	kainarasu
criar (vt)	飼養する	shiyō suru
quinta (f)	農場	nōjō
aves (f pl) domésticas	家禽	kakin
gado (m)	畜牛	chiku gyū
rebanho (m), manada (f)	群れ	mure
estábulo (m)	馬小屋	umagoya
pocilga (f)	豚小屋	buta goya
estábulo (m)	牛舎	gyūsha
coelheira (f)	ウサギ小屋	usagi koya
galinheiro (m)	鶏小屋	niwatori goya

138. Pássaros

pássaro (m), ave (f)	鳥	tori
pombo (m)	鳩 [ハト]	hato
pardal (m)	スズメ (雀)	suzume
chapim-real (m)	シジュウカラ [四十雀]	shijūkara
pega-rabuda (f)	カササギ (鵲)	kasasagi
corvo (m)	ワタリガラス [渡鴉]	watari garasu

gralha (f) cinzenta	カラス [鴉]	karasu
gralha-de-nuca-cinzenta (f)	ニシコクマルガラス	nishikokumaru garasu
gralha-calva (f)	ミヤマガラス [深山鳥]	miyama garasu
pato (m)	カモ [鴨]	kamo
ganso (m)	ガチョウ	gachō
faisão (m)	キジ	kiji
águia (f)	鷲	washi
açor (m)	鷹	taka
falcão (m)	ハヤブサ [隼]	hayabusa
abutre (m)	ハゲワシ	hagewashi
condor (m)	コンドル	kondoru
cisne (m)	白鳥 [ハクチョウ]	hakuchō
grou (m)	鶴 [ツル]	tsuru
cegonha (f)	シュバシコウ	shubashikō
papagaio (m)	オウム	ōmu
beija-flor (m)	ハチドリ [蜂鳥]	hachidori
pavão (m)	クジャク [孔雀]	kujaku
avestruz (m)	ダチョウ [駝鳥]	dachō
garça (f)	サギ [鷺]	sagi
flamingo (m)	フラミンゴ	furamingo
pelicano (m)	ペリカン	perikan
rouxinol (m)	サヨナキドリ	sayonakidori
andorinha (f)	ツバメ [燕]	tsubame
tordo-zornal (m)	ノハラツグミ	nohara tsugumi
tordo-músico (m)	ウタツグミ [歌鶫]	uta tsugumi
melro-preto (m)	クロウタドリ	kurōtadori
andorinhão (m)	アマツバメ [雨燕]	ama tsubame
cotovia (f)	ヒバリ [雲雀]	hibari
codorna (f)	ウズラ	uzura
pica-pau (m)	キツツキ	kitsutsuki
cuco (m)	カッコウ [郭公]	kakkō
coruja (f)	トラフズク	torafuzuku
corujão, bufo (m)	ワシミミズク	washi mimizuku
tetraz-grande (m)	ヨーロッパオオライチョウ	yōroppa ōraichō
tetraz-lira (m)	クロライチョウ	kuro raichō
perdiz-cinzenta (f)	ヨーロッパヤマウズラ	yōroppa yamauzura
estorninho (m)	ムクドリ	mukudori
canário (m)	カナリア [金糸雀]	kanaria
galinha-do-mato (f)	エゾライチョウ	ezo raichō
tentilhão (m)	ズアオアトリ	zuaoatori
dom-fafe (m)	ウソ [鷽]	uso
gaivota (f)	カモメ [鴎]	kamome
albatroz (m)	アホウドリ	ahōdori
pinguim (m)	ペンギン	pengin

139. Peixes. Animais marinhos

brema (f)	ブリーム	burīmu
carpa (f)	コイ [鯉]	koi
perca (f)	ヨーロピアンパーチ	yōropian pāchi
siluro (m)	ナマズ	namazu
lúcio (m)	カワカマス	kawakamasu
salmão (m)	サケ	sake
esturjão (m)	チョウザメ [蝶鮫]	chōzame
arenque (m)	ニシン	nishin
salmão (m)	タイセイヨウサケ [大西洋鮭]	taiseiyō sake
cavala, sarda (f)	サバ [鯖]	saba
solha (f)	カレイ [鰈]	karei
lúcio perca (m)	ザンダー	zandā
bacalhau (m)	タラ [鱈]	tara
atum (m)	マグロ [鮪]	maguro
truta (f)	マス [鱒]	masu
enguia (f)	ウナギ [鰻]	unagi
raia elétrica (f)	シビレエイ	shibireei
moreia (f)	ウツボ [鱓]	utsubo
piranha (f)	ピラニア	pirania
tubarão (m)	サメ [鮫]	same
golfinho (m)	イルカ [海豚]	iruka
baleia (f)	クジラ [鯨]	kujira
caranguejo (m)	カニ [蟹]	kani
medusa, alforreca (f)	クラゲ [水母]	kurage
polvo (m)	タコ [蛸]	tako
estrela-do-mar (f)	ヒトデ [海星]	hitode
ouriço-do-mar (m)	ウニ [海胆]	uni
cavalo-marinho (m)	タツノオトシゴ	tatsunootoshigo
ostra (f)	カキ [牡蠣]	kaki
camarão (m)	エビ	ebi
lavagante (m)	イセエビ	iseebi
lagosta (f)	スパイニーロブスター	supainī robusutā

140. Amfíbios. Répteis

serpente, cobra (f)	ヘビ（蛇）	hebi
venenoso	毒…、有毒な	doku …, yūdoku na
víbora (f)	クサリヘビ	kusarihebi
cobra-capelo, naja (f)	コブラ	kobura
pitão (m)	ニシキヘビ	nishikihebi
jiboia (f)	ボア	boa
cobra-de-água (f)	ヨーロッパヤマカガシ	yōroppa yamakagashi

cascavel (f)	ガラガラヘビ	garagarahebi
anaconda (f)	アナコンダ	anakonda
lagarto (m)	トカゲ [蜥蜴]	tokage
iguana (f)	イグアナ	iguana
varano (m)	オオトカゲ	ōtokage
salamandra (f)	サンショウウオ [山椒魚]	sanshōuo
camaleão (m)	カメレオン	kamereon
escorpião (m)	サソリ [蠍]	sasori
tartaruga (f)	カメ [亀]	kame
rã (f)	蛙 [カエル]	kaeru
sapo (m)	ヒキガエル	hikigaeru
crocodilo (m)	ワニ [鰐]	wani

141. Insetos

inseto (m)	昆虫	konchū
borboleta (f)	チョウ [蝶]	chō
formiga (f)	アリ [蟻]	ari
mosca (f)	ハエ [蝿]	hae
mosquito (m)	カ [蚊]	ka
escaravelho (m)	甲虫	kabutomushi
vespa (f)	ワスプ	wasupu
abelha (f)	ハチ [蜂]	hachi
mamangava (f)	マルハナバチ [丸花蜂]	maruhanabachi
moscardo (m)	アブ [虻]	abu
aranha (f)	クモ [蜘蛛]	kumo
teia (f) de aranha	クモの巣	kumo no su
libélula (f)	トンボ [蜻蛉]	tonbo
gafanhoto-do-campo (m)	キリギリス	kirigirisu
traça (f)	ガ [蛾]	ga
barata (f)	ゴキブリ [蜚蠊]	gokiburi
carraça (f)	ダニ [壁蝨、蜱]	dani
pulga (f)	ノミ [蚤]	nomi
borrachudo (m)	ヌカカ [糠蚊]	nukaka
gafanhoto (m)	バッタ [飛蝗]	batta
caracol (m)	カタツムリ [蝸牛]	katatsumuri
grilo (m)	コオロギ [蟋蟀、蛬]	kōrogi
pirilampo (m)	ホタル [蛍、螢]	hotaru
joaninha (f)	テントウムシ [天道虫]	tentōmushi
besouro (m)	コフキコガネ	kofukikogane
sanguessuga (f)	ヒル [蛭]	hiru
lagarta (f)	ケムシ [毛虫]	kemushi
minhoca (f)	ミミズ [蚯蚓]	mimizu
larva (f)	幼虫	yōchū

Flora

142. Árvores

árvore (f)	木	ki
decídua	落葉性の	rakuyō sei no
conífera	針葉樹の	shinyōju no
perene	常緑の	jōryoku no
macieira (f)	りんごの木	ringonoki
pereira (f)	洋梨の木	yōnashinoki
cerejeira (f)	セイヨウミザクラ	seiyōmi zakura
ginjeira (f)	スミミザクラ	sumimi zakura
ameixeira (f)	プラムトリー	puramu torī
bétula (f)	カバノキ	kabanoki
carvalho (m)	オーク	ōku
tília (f)	シナノキ [科の木]	shinanoki
choupo-tremedor (m)	ヤマナラシ [山鳴らし]	yamanarashi
bordo (m)	カエデ [楓]	kaede
espruce-europeu (m)	スプルース	supurūsu
pinheiro (m)	マツ [松]	matsu
alerce, lariço (m)	カラマツ [唐松]	karamatsu
abeto (m)	モミ [樅]	momi
cedro (m)	シダー	shidā
choupo, álamo (m)	ポプラ	popura
tramazeira (f)	ナナカマド	nanakamado
salgueiro (m)	ヤナギ [柳]	yanagi
amieiro (m)	ハンノキ	hannoki
faia (f)	ブナ	buna
ulmeiro (m)	ニレ [楡]	nire
freixo (m)	トネリコ [梣]	toneriko
castanheiro (m)	クリ [栗]	kuri
magnólia (f)	モクレン [木蓮]	mokuren
palmeira (f)	ヤシ [椰子]	yashi
cipreste (m)	イトスギ [糸杉]	itosugi
mangue (m)	マングローブ	mangurōbu
embondeiro, baobá (m)	バオバブ	baobabu
eucalipto (m)	ユーカリ	yūkari
sequoia (f)	セコイア	sekoia

143. Arbustos

arbusto (m)	低木	teiboku
arbusto (m), moita (f)	潅木	kanboku

videira (f)	ブドウ [葡萄]	budō
vinhedo (m)	ブドウ園 [葡萄園]	budōen
framboeseira (f)	ラズベリー	razuberī
groselheira-preta (f)	クロスグリ	kuro suguri
groselheira-vermelha (f)	フサスグリ	fusa suguri
groselheira (f) espinhosa	セイヨウスグリ	seiyō suguri
acácia (f)	アカシア	akashia
bérberis (f)	メギ	megi
jasmim (m)	ジャスミン	jasumin
junípero (m)	セイヨウネズ	seiyōnezu
roseira (f)	バラの木	baranoki
roseira (f) brava	イヌバラ	inu bara

144. Frutos. Bagas

fruta (f)	果物	kudamono
frutas (f pl)	果物	kudamono
maçã (f)	リンゴ	ringo
pera (f)	洋梨	yōnashi
ameixa (f)	プラム	puramu
morango (m)	イチゴ（苺）	ichigo
ginja, cereja (f)	チェリー	cherī
ginja (f)	サワー チェリー	sawā cherī
cereja (f)	スイート チェリー	suīto cherī
uva (f)	ブドウ [葡萄]	budō
framboesa (f)	ラズベリー（木苺）	razuberī
groselha (f) preta	クロスグリ	kuro suguri
groselha (f) vermelha	フサスグリ	fusa suguri
groselha (f) espinhosa	セイヨウスグリ	seiyō suguri
oxicoco (m)	クランベリー	kuranberī
laranja (f)	オレンジ	orenji
tangerina (f)	マンダリン	mandarin
ananás (m)	パイナップル	painappuru
banana (f)	バナナ	banana
tâmara (f)	デーツ	dētsu
limão (m)	レモン	remon
damasco (m)	アンズ [杏子]	anzu
pêssego (m)	モモ [桃]	momo
kiwi (m)	キウイ	kiui
toranja (f)	グレープフルーツ	gurēbu furūtsu
baga (f)	ベリー	berī
bagas (f pl)	ベリー	berī
arando (m) vermelho	コケモモ	kokemomo
morango-silvestre (m)	ノイチゴ [野いちご]	noichigo
mirtilo (m)	ビルベリー	biruberī

145. Flores. Plantas

Português	Japonês	Romaji
flor (f)	花	hana
ramo (m) de flores	花束	hanataba
rosa (f)	バラ	bara
tulipa (f)	チューリップ	chūrippu
cravo (m)	カーネーション	kānēshon
gladíolo (m)	グラジオラス	gurajiorasu
centáurea (f)	ヤグルマギク [矢車菊]	yagurumagiku
campânula (f)	ホタルブクロ	hotarubukuro
dente-de-leão (m)	タンポポ [蒲公英]	tanpopo
camomila (f)	カモミール	kamomīru
aloé (m)	アロエ	aroe
cato (m)	サボテン	saboten
fícus (m)	イチジク	ichijiku
lírio (m)	ユリ [百合]	yuri
gerânio (m)	ゼラニウム	zeranyūmu
jacinto (m)	ヒヤシンス	hiyashinsu
mimosa (f)	ミモザ	mimoza
narciso (m)	スイセン [水仙]	suisen
capuchinha (f)	キンレンカ [金蓮花]	kinrenka
orquídea (f)	ラン [蘭]	ran
peónia (f)	シャクヤク [芍薬]	shakuyaku
violeta (f)	スミレ [菫]	sumire
amor-perfeito (m)	パンジー	panjī
não-me-esqueças (m)	ワスレナグサ [勿忘草]	wasurenagusa
margarida (f)	デイジー	deijī
papoula (f)	ポピー	popī
cânhamo (m)	アサ [麻]	asa
hortelã (f)	ミント	minto
lírio-do-vale (m)	スズラン [鈴蘭]	suzuran
campânula-branca (f)	スノードロップ	sunōdoroppu
urtiga (f)	イラクサ [刺草]	irakusa
azeda (f)	スイバ	suiba
nenúfar (m)	スイレン [睡蓮]	suiren
feto (m), samambaia (f)	シダ	shida
líquen (m)	地衣類	chī rui
estufa (f)	温室	onshitsu
relvado (m)	芝生	shibafu
canteiro (m) de flores	花壇	kadan
planta (f)	植物	shokubutsu
erva (f)	草	kusa
folha (f) de erva	草の葉	kusa no ha

folha (f)	葉	ha
pétala (f)	花びら	hanabira
talo (m)	茎	kuki
tubérculo (m)	塊茎	kaikei
broto, rebento (m)	シュート	shūto
espinho (m)	茎針	kuki hari
florescer (vi)	開花する	kaika suru
murchar (vi)	しおれる	shioreru
cheiro (m)	香り	kaori
cortar (flores)	切る	kiru
colher (uma flor)	摘む	tsumamu

146. Cereais, grãos

grão (m)	穀物	kokumotsu
cereais (plantas)	禾穀類	kakokurui
espiga (f)	花穂	kasui
trigo (m)	コムギ [小麦]	komugi
centeio (m)	ライムギ [ライ麦]	raimugi
aveia (f)	オーツムギ [オーツ麦]	ōtsu mugi
milho-miúdo (m)	キビ [黍]	kibi
cevada (f)	オオムギ [大麦]	ōmugi
milho (m)	トウモロコシ	tōmorokoshi
arroz (m)	イネ [稲]	ine
trigo-sarraceno (m)	ソバ [蕎麦]	soba
ervilha (f)	エンドウ [豌豆]	endō
feijão (m)	インゲンマメ [隠元豆]	ingen mame
soja (f)	ダイズ [大豆]	daizu
lentilha (f)	レンズマメ [レンズ豆]	renzu mame
fava (f)	豆類	mamerui

PAÍSES. NACIONALIDADES

147. Europa Ocidental

Europa (f)	ヨーロッパ	yōroppa
União (f) Europeia	欧州連合	ōshū rengō
Áustria (f)	オーストリア	ōsutoria
Grã-Bretanha (f)	グレートブリテン島	gurētoburiten tō
Inglaterra (f)	イギリス	igirisu
Bélgica (f)	ベルギー	berugī
Alemanha (f)	ドイツ	doitsu
Países (m pl) Baixos	ネーデルラント	nēderuranto
Holanda (f)	オランダ	oranda
Grécia (f)	ギリシャ	girisha
Dinamarca (f)	デンマーク	denmāku
Irlanda (f)	アイルランド	airurando
Islândia (f)	アイスランド	aisurando
Espanha (f)	スペイン	supein
Itália (f)	イタリア	itaria
Chipre (m)	キプロス	kipurosu
Malta (f)	マルタ	maruta
Noruega (f)	ノルウェー	noruwē
Portugal (m)	ポルトガル	porutogaru
Finlândia (f)	フィンランド	finrando
França (f)	フランス	furansu
Suécia (f)	スウェーデン	suwēden
Suíça (f)	スイス	suisu
Escócia (f)	スコットランド	sukottorando
Vaticano (m)	バチカン	bachikan
Liechtenstein (m)	リヒテンシュタイン	rihitenshutain
Luxemburgo (m)	ルクセンブルク	rukusenburuku
Mónaco (m)	モナコ	monako

148. Europa Central e de Leste

Albânia (f)	アルバニア	arubania
Bulgária (f)	ブルガリア	burugaria
Hungria (f)	ハンガリー	hangarī
Letónia (f)	ラトビア	ratobia
Lituânia (f)	リトアニア	ritoania
Polónia (f)	ポーランド	pōrando

Roménia (f)	ルーマニア	rūmania
Sérvia (f)	セルビア	serubia
Eslováquia (f)	スロバキア	surobakia
Croácia (f)	クロアチア	kuroachia
República (f) Checa	チェコ	cheko
Estónia (f)	エストニア	esutonia
Bósnia e Herzegovina (f)	ボスニア・ヘルツェゴヴィナ	bosunia herutsegovina
Macedónia (f)	マケドニア地方	makedonia chihō
Eslovénia (f)	スロベニア	surobenia
Montenegro (m)	モンテネグロ	monteneguro

149. Países da ex-URSS

Azerbaijão (m)	アゼルバイジャン	azerubaijan
Arménia (f)	アルメニア	arumenia
Bielorrússia (f)	ベラルーシー	berarūshī
Geórgia (f)	グルジア	gurujia
Cazaquistão (m)	カザフスタン	kazafusutan
Quirguistão (m)	キルギス	kirugisu
Moldávia (f)	モルドヴァ	morudova
Rússia (f)	ロシア	roshia
Ucrânia (f)	ウクライナ	ukuraina
Tajiquistão (m)	タジキスタン	tajikisutan
Turquemenistão (m)	トルクメニスタン	torukumenisutan
Uzbequistão (f)	ウズベキスタン	uzubekisutan

150. Asia

Ásia (f)	アジア	ajia
Vietname (m)	ベトナム	betonamu
Índia (f)	インド	indo
Israel (m)	イスラエル	isuraeru
China (f)	中国	chūgoku
Líbano (m)	レバノン	rebanon
Mongólia (f)	モンゴル	mongoru
Malásia (f)	マレーシア	marēshia
Paquistão (m)	パキスタン	pakisutan
Arábia (f) Saudita	サウジアラビア	saujiarabia
Tailândia (f)	タイ	tai
Taiwan (m)	台湾	taiwan
Turquia (f)	トルコ	toruko
Japão (m)	日本	nihon
Afeganistão (m)	アフガニスタン	afuganisutan
Bangladesh (m)	バングラデシュ	banguradeshu

Indonésia (f)	インドネシア	indoneshia
Jordânia (f)	ヨルダン	yorudan
Iraque (m)	イラク	iraku
Irão (m)	イラン	iran
Camboja (f)	カンボジア	kanbojia
Kuwait (m)	クウェート	kuwēto
Laos (m)	ラオス	raosu
Myanmar (m), Birmânia (f)	ミャンマー	myanmā
Nepal (m)	ネパール	nepāru
Emirados Árabes Unidos	アラブ首長国連邦	arabu shuchō koku renpō
Síria (f)	シリア	shiria
Palestina (f)	パレスチナ	paresuchina
Coreia do Sul (f)	大韓民国	daikanminkoku
Coreia do Norte (f)	北朝鮮	kitachōsen

151. América do Norte

Estados Unidos da América	アメリカ合衆国	amerika gasshūkoku
Canadá (m)	カナダ	kanada
México (m)	メキシコ	mekishiko

152. América Central do Sul

Argentina (f)	アルゼンチン	aruzenchin
Brasil (m)	ブラジル	burajiru
Colômbia (f)	コロンビア	koronbia
Cuba (f)	キューバ	kyūba
Chile (m)	チリ	chiri
Bolívia (f)	ボリビア	boribia
Venezuela (f)	ベネズエラ	benezuera
Paraguai (m)	パラグアイ	paraguai
Peru (m)	ペルー	perū
Suriname (m)	スリナム	surinamu
Uruguai (m)	ウルグアイ	uruguai
Equador (m)	エクアドル	ekuadoru
Bahamas (f pl)	バハマ	bahama
Haiti (m)	ハイチ	haichi
República (f) Dominicana	ドミニカ共和国	dominikakyōwakoku
Panamá (m)	パナマ	panama
Jamaica (f)	ジャマイカ	jamaika

153. Africa

Egito (m)	エジプト	ejiputo
Marrocos	モロッコ	morokko

Tunísia (f)	チュニジア	chunijia
Gana (f)	ガーナ	gāna
Zanzibar (m)	ザンジバル	zanjibaru
Quénia (f)	ケニア	kenia
Líbia (f)	リビア	ribia
Madagáscar (m)	マダガスカル	madagasukaru
Namíbia (f)	ナミビア	namibia
Senegal (m)	セネガル	senegaru
Tanzânia (f)	タンザニア	tanzania
África do Sul (f)	南アフリカ	minami afurika

154. Austrália. Oceania

Austrália (f)	オーストラリア	ōsutoraria
Nova Zelândia (f)	ニュージーランド	nyūjīrando
Tasmânia (f)	タスマニア	tasumania
Polinésia Francesa (f)	フランス領ポリネシア	furansu ryō porineshia

155. Cidades

Amesterdão	アムステルダム	amusuterudamu
Ancara	アンカラ	ankara
Atenas	アテネ	atene
Bagdade	バグダッド	bagudaddo
Banguecoque	バンコク	bankoku
Barcelona	バルセロナ	baruserona
Beirute	ベイルート	beirūto
Berlim	ベルリン	berurin
Bombaim	ムンバイ	munbai
Bona	ボン	bon
Bordéus	ボルドー	borudō
Bratislava	ブラチスラヴァ	burachisurava
Bruxelas	ブリュッセル	buryusseru
Bucareste	ブカレスト	bukaresuto
Budapeste	ブダペスト	budapesuto
Cairo	カイロ	kairo
Calcutá	コルカタ	korukata
Chicago	シカゴ	shikago
Cidade do México	メキシコシティ	mekishiko shiti
Copenhaga	コペンハーゲン	kopenhāgen
Dar es Salaam	ダルエスサラーム	daruesusarāmu
Deli	デリー	derī
Dubai	ドバイ	dobai
Dublin, Dublim	ダブリン	daburin
Düsseldorf	デュッセルドルフ	dyusserudorufu
Estocolmo	ストックホルム	sutokkuhorumu

Florença	フィレンチェ	firenche
Frankfurt	フランクフルト	furankufuruto
Genebra	ジュネーブ	junēbu
Haia	ハーグ	hāgu
Hamburgo	ハンブルク	hanburuku
Hanói	ハノイ	hanoi
Havana	ハバナ	habana
Helsínquia	ヘルシンキ	herushinki
Hiroshima	広島	hiroshima
Hong Kong	香港	honkon
Istambul	イスタンブール	isutanbūru
Jerusalém	エルサレム	erusaremu
Kiev	キエフ	kiefu
Kuala Lumpur	クアラルンプール	kuararunpūru
Lisboa	リスボン	risubon
Londres	ロンドン	rondon
Los Angeles	ロスアンジェルス	rosuanjerusu
Lion	リヨン	riyon
Madrid	マドリード	madorīdo
Marselha	マルセイユ	maruseiyu
Miami	マイアミ	maiami
Montreal	モントリオール	montoriōru
Moscovo	モスクワ	mosukuwa
Munique	ミュンヘン	myunhen
Nairóbi	ナイロビ	nairobi
Nápoles	ナポリ	napori
Nice	ニース	nīsu
Nova York	ニューヨーク	nyūyōku
Oslo	オスロ	osuro
Ottawa	オタワ	otawa
Paris	パリ	pari
Pequim	北京	pekin
Praga	プラハ	puraha
Rio de Janeiro	リオ・デ・ジャネイロ	rio de janeiro
Roma	ローマ	rōma
São Petersburgo	サンクトペテルブルク	sankuto peteruburuku
Seul	ソウル	sōru
Singapura	シンガポール	shingapōru
Sydney	シドニー	shidonī
Taipé	台北	taipei
Tóquio	東京	tōkyō
Toronto	トロント	toronto
Varsóvia	ワルシャワ	warushawa
Veneza	ベニス	benisu
Viena	ウィーン	wīn
Washington	ワシントン	washinton
Xangai	上海	shanhai

www.ingramcontent.com/pod-product-compliance
Lightning Source LLC
Chambersburg PA
CBHW070603050426
42450CB00011B/2961